商业至简

60天在早餐桌旁读完商学院

[美] 唐纳德·米勒————著
（Donald Miller）

唐奇————译

中国人民大学出版社
·北京·

纪念我十五年来的出版商布莱恩·汉普顿（Brian Hampton）。

他教我如何撰写商业图书，更重要的是，他教我如何做一个善良的人。

我们想念你。

本书可以直接阅读。如果你想循序渐进地学习《商业至简》中的概念，也可以访问 BusinessMadeSimple. com/ Daily，或发送空白电子邮件至 videos@ businessmadesimple. com，注册后观看与每天课程同步的视频。在短短两个月里，你将获得许多人花费数万美元读商学院才能获得的商业教育。本书将帮助你掌握为你自己——以及任何组织——赚钱和省钱的实用技能。本书将教你如何领导团队、销售更多的产品，以及经营一家企业。

价值驱动型专业人才

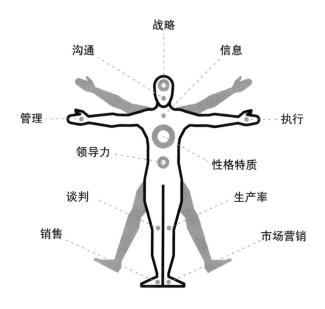

战略

沟通　　　　　　　信息

管理　　　　　　　　　　执行

领导力

性格特质

谈判　　　　　　　生产率

销售　　　　　　　市场营销

　　扎实的商业教育不应该花费数万美元，而应该注重传授那些能够转化为商业成功的实用技能。本书旨在帮助你和你的团队成为价值驱动型专业人才。价值驱动型专业人才能够在更短的时间内完成更多的工作，创造更轻松、更明晰的工作环境，为自己和团队赚取更多收益。

　　一个由价值驱动型专业人才组成的团队是战无不胜的。

我们不可以相信大众，他们说："只有自由的人才可以接受教育"；而要相信哲学家，他们说："只有受过教育的人才能自由"。

——爱比克泰德（Epictetus），《哲学谈话录》

（*Discourses*），2.1.21-23a

前　言

两名候选人在竞争一个升职的机会。新职位是一个领导职位，需要广泛的技能。

第一名候选人毕业于名校，待人和善，表现出强烈的职业道德感，对公司忠心耿耿。

当被问及他将给公司带来什么时，第一位候选人说，他将带来激情、良好的态度和团队精神。

第二名候选人读了这本书，并且身体力行，在之前的岗位上磨炼了这些技能。

虽然他没有名校的学位，但是他知道如何为任何公司创造实实在在的价值。

当被问及他将给公司带来什么时，第二名候选人说，他将带来一组核心特质，事实证明，这些特质预示着成功。此外，他还将带来十项核心竞争力，立竿见影地为公司节约成本、创造价值。这十项特质是：

1. 他们知道企业是如何运行的。他们不会幼稚地看待各部门的活动产出比和正现金流的重要性。

2. 他们是态度明确、令人信服的领导者。他们能够通过指导团队创建使命宣言和指导原则来团结和激励团队。

3. 他们的个人生产率很高。他们掌握了一套具体方法并将其应用于每天的工作中，能够在更短的时间内完成更多的工作。

4. 他们知道如何阐明信息。他们能够领导团队通过一套框架清晰明了地表达信息，推广任何产品或愿景，让顾客和利益相关者买单。

5. 他们知道如何开展营销活动。他们能够创建销售漏斗，将感兴趣的顾客转化为购买者。

6. 他们能够销售产品。他们掌握了一套框架，能够向有资质的潜在客户介绍产品，与他们协商，直至签订有价值的合同。

7. 他们是优秀的沟通者。他们能够发表演讲，为团队提供信息，激励团队采取明确的行动，对利润产生积极的影响。

8. 他们是优秀的谈判家。他们在谈判时不相信自己的直觉。相反，他们遵循一套简单的程序，引导他们取得最好的结果。

9. 他们是优秀的管理者。他们知道如何通过关键绩效指标来衡量生产过程，以保证效率和盈利能力。

10. 他们知道执行系统是如何运行的。他们掌握了一套框架，确保一个强大的团队能够把事情做好。

两名候选人回答了同样的问题，谁能够脱颖而出？

答案是：第二名候选人会获得升职。很快，他还会获得加薪。而且很快，他还会获得另一次升职和另一次加薪。为什么？因为他拥有实实在在的技能，能够消除团队的挫折感，为自己和公司赚到钱。简言之，选择他是一笔划算的投资。

无论你是为自己工作还是供职于其他公司，为你的顾客或你的老板提供可观的投资回报都是获取个人财富的关键。我公司中的每个团队成员都是一笔划算的投资的投资对象，否则他就不会被雇用。即使我是公司的拥有者，我也必须是一名价值驱动型专业人才。如果我的产品和我自己不是一项明智的经济投资的投资对象，我的职业生涯和我的公司注定会失败。我们每个人早上醒来，都必须为别人花在我们身上的时间、精力和金钱提供回报。

这就是成功的秘诀。如果你想在工作、爱情、友谊和生活中获得成功，就要给别人为你付出的投资提供巨大的回报。

在竞争激烈的环境中，每家公司都在寻找能够带来良好投资回报的团队成员。

本书旨在让你成为一名拥有最高经济价值的专业人才。

我将在这本书中向你介绍一套革命性的框架。遗憾的是，很少有人能在大学里学到这些技能。

与其研究20世纪70年代向郊区家庭推销牙膏的广告案例，不如学习如何管理团队、推出产品、开展营销、销售产品，然后改进整个过程，提高效率。

如果你真的知道如何为公司赚大钱，你在公开市场上的价值会提高多少？

由于我们当中许多人都没有接受过现实的商业教育，这让我们经常悄悄地怀疑自己是否有能力胜任工作，让我们担心有一天自己会被当成骗子。

不仅如此，重返校园太昂贵也太耗时了。而且，即使你重返校园，就一定能学到有用的东西吗？会不会只是去研究更多的牙膏广告？

事实是，如果你掌握了本书的课程内容——价值驱动型专业人才的十种性格特质和价值驱动型专业人才的十项核心竞争力——就能极大地提升你在公开市场上的个人价值，你在工作中也将战无不胜。

没有人能够打败你。

　　我们去上大学时，并不知道大学生活意味着深夜派对、打乒乓球、在球场边呐喊助威、在有关全球市场营销趋势的课堂上睡觉，以及参加只是为了押题的学习小组，这些事情不会让我们在公开市场上更有价值。

　　这本书会。

　　这就是《商业至简》。

　　作为一名专业人才，你真正的价值是什么？你是否拥有能够为组织提供最大价值的性格特质和技能组合？好好利用这本书，来增加你的经济价值吧。

目　录

价值驱动型专业人才

通过掌握每一种核心竞争力
来提升你个人的经济价值。

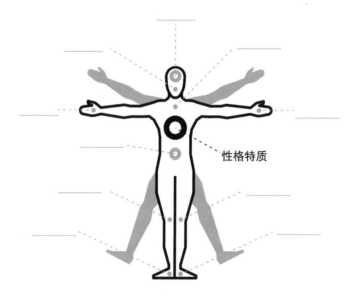

性格特质

第一章　快速启动

价值驱动型专业人才的
十种性格特质

引言

任何核心竞争力都抵不过糟糕的性格。

如果没有良好的性格，我们在事业和生活中都会失败，而且永远无法成为价值驱动型专业人才。

结果，即使我们能让公司赚到钱，如果缺乏良好的性格，我们也很有可能会失去得到的一切。

出于这个原因，我们将用两周时间来深入研究为了给客户和与我们共事的人增加价值，需要哪些性格特质。

那么，成为价值驱动型专业人才究竟需要具备哪些特质呢？

除了诚信和强烈的职业道德之外，成功者与不成功者还有什么区别？有什么是职场中那些拥有巨大经济价值的人相信，而那些经济价值较低的人不相信的？

在职场中表现出类拔萃的人的确认为自己与那些平庸之辈不一样。而且因为他们对自己的看法不一样，他们采取的行动也会不一样。

作为一名作家，我有幸能够与那些为世界创造了巨大价值的人谈话。其中有些人声名显赫，有些人你可能从没听说过。但是，他们每个人都很擅长自己的工作。我曾经与政府高官、职业教练、成功的运动员、投资人和社会精英深入交谈。我注意到，他们每个人都承认这样一个事实：为了给自己所在的领域增加价值，他们需要一套与众不同的性格特质。

接下来的十天里，你将看到那些价值驱动型专业人才共同的性格特质。我要谈到的这些性格特质会出乎你的意料。

你以前可能读到过类似的清单，一般都从"诚信"和"努力工作"开始。这份清单与你以前读到过的那些都不一样。谈到成功，那些特质都很重要，但是我要谈到的这些特质更重要。

例如，我采访的每一个成功人士都**把自己看成公开市场上的经济产品**。他们每个人都是坚定的行动派。**没有人卷入过冲突**，尤其是在关于不公正或不平等的问题上。**每个人都更希望受到尊重，而不是被人喜欢**。还有很多其他的相似之处。

我把这些特质称为**价值驱动型专业人才的十种性格特质**。

你是什么样的人，是掌握这些技能的基础。而最终，这些技能将在公开市场上转化为实实在在的价值。

幸运的是，价值驱动型专业人才的十种性格特质是可以学习的。随着阅读本书，你对自己和世界的看法就会开始改变。在前十天里，这本书将带给你惊喜、知识和激励。

1　把自己看成公开市场上的经济产品

价值驱动型专业人才把自己看成公开市场上的经济产品。

大多数成功人士是如何看待他们自己的？正如引言中所说，他们把自己看成公开市场上的经济产品，他们非常重视让人们从对他们的投资中获得丰厚的回报。

说你应该把自己看成一件经济产品，我知道这听起来很功利，但是这个简单的范式是在职场中获得成功的关键。

当然，我说的不是你作为一个人的内在价值。我说的是你在现代经济生态系统中的价值。

事实如此。致力于成为良好投资对象的人能够吸引更多的投资，个人也能实现更高的经济价值。当你在经济生态系统中提供更高的经济价值时，你会获得更高的报酬，承担更大的责任，拥有更多的晋升机会，并成为追求价值的客户追逐的目标。同理，那些拒绝将自己看成公开市场上的经济产品的人无法吸引经济投资，因此也无法享受给别人的投资赚取巨大回报所带来的好处。

想想那些你尊重的人，他们当中大多数——甚至全部——都给别人的投资带来了可观的回报。我们喜欢那些全力以赴的运动员，愿意花高价看他们比赛。我们喜欢那些让我们感同身受的演员，愿意花更多的钱看他们表演。我们喜欢那些能够通过卖给我们产品，解决我们提出的任何问题的企业。

像这些表现优异的人一样，你也可以成为一项划算的投资的投资对象。

当你走进房间时，人们能够凭本能相信他们可以把赌注押在你身上吗？

我们如何在生活和事业中获得成功？我们要证明自己值得投资。

在商业世界中，你的老板（或你的客户）可能真的喜欢你，但是在很大程度上，他们把你视为一项经济投资的投资对象。

这并没有错。甚至有人会说，从这个角度看，这是一种诚实的关系。归根结底，你的朋友并没有花钱让你陪在他们身边，你的客户和同事才是。

对于任何雇主来说，梦想中的团队成员都是积极努力、让老板获得5倍甚至更高投资回报的人。我知道这听起来很疯狂，但是除去运营费用和经常性支出，一个团队成员创造5倍甚至更高的回报通常意味着公司勉强赢利。这意味着，如果我们的薪水是5万美元，我们应该为公司赚取至少25万美元，公司本身才能健康发展。

随着我们职业生涯的发展，以及我们持续为公司创造价值，好公司会提升我们的职位、付给我们更高的薪水，这样我们才能继续为它们的投资提供多倍的回报。

聪明的企业主或团队成员总在想办法为客户或所在的企业赚更多的钱，这样他们自身价值的基数也会越来越大。

这不仅适用于团队成员，对于作为一名作家和企业主的我也适用。我获得成功的唯一途径就是让别人多赚钱。事实上，在那笔钱中，我只能得到很小一部分。

那么，我们如何才能获得巨大的成功呢？答案是，**让别人获得更大的成功**！

一个残酷的事实是，任何不能创造至少 5 倍投资回报的团队成员都存在财务风险。这意味着当你在一家公司找到工作时，你的老板实际上是把他自己的职业生涯和生计押在了你的表现上。

前进的关键是让自己成为最好的投资。如果你在管理一个股票投资组合，其中一只股票的表现一直优于其他股票，你就会把更多的钱投入这只股票。选择提拔哪个团队成员时也是如此。领导者总是把更多的资源分配给那些能够给他们带来最大投资回报的团队成员。

英特尔公司前首席执行官安德鲁·格罗夫（Andrew Grove）在《高产出管理》（*High Output Management*）一

书中说："总而言之，无论你从事哪一行，你都不只是别人的员工——你还是自己职业生涯的员工。你随时都在同上百万和你一样经营着职业生涯的人竞争，有些人也许还比你强，或是更热衷于此。"

你能清楚地说明你对所在的组织有多少经济价值吗？如果你从事客户服务，你能计算出你为公司保住了多少销售额、避免了多少负面评论吗？你认为，因为你每天都来上班，公司赚到了相当于你薪水5倍的钱吗？如果答案是肯定的，你就会成功。每个人都追逐好投资，规避坏投资。把它当成一条自然法则。

如果你拥有一家公司，你能清楚地说明客户是如何从他们对你的投资中获得回报的吗？你销售的油漆耐久吗？你修剪草坪能为顾客节约时间，让他们为自家的院子感到自豪吗？

如果你是一项有回报的投资的投资对象，你将吸引业务、责任、晋升和更大的回报。

成功的商业领袖把他们的生活看成一项最棒的投资。你也应该这样看待你的生活。

想知道怎样才能做到这一点吗？接下来，本书将给你提供一套实用的技能和框架，极大地提升你在公开市场上的价值。请坚持每天阅读本书。

▶▶ 每日提示

价值驱动型专业人才将自己看成公开市场上的经济产品，非常重视让人们从对他们的投资中获得丰厚的回报。

2　把自己看成英雄，而不是受害者

价值驱动型专业人才把自己看成英雄，而不是受害者。

如果让我预测一个人能否在生活中获得成功，我可以通过问他们一个问题来做出判断：他们是不是经常把自己摆在受害者的位置上？

这里说的受害者是什么意思？我指的是，他们谈到自己时，是不是经常显得对生活和未来失去控制？他们是不是相信命运给了他们一手坏牌？他们是不是相信其他人应该为他们的失败负责？他们是不是相信市场、天气或是星星都跟他们作对，不让他们获得成功？

如果是这样，他们不会成功。

令人悲哀的是，许多人真的是受害者。他们确实受到压迫。但是，受害者和英雄之间的区别在于：受害者一蹶不振；而英雄挺身而出，勇敢地面对所有的挑战和压迫者。

就我个人而言，我出身贫寒。我的童年是在政府保障房里度过的。我的家人排队领取政府发放的救济奶酪。我家的困难当然有经济因素。我和妹妹还小时，父亲离开了我们，再也没有出现过。母亲为了让我们吃饱肚子，不得不长时间工作。直到她工作的最后几年，赚到的薪水才能勉强糊口。

但是，我们长大后（我承认，我一直在与受害者心态和失败主义作斗争），我母亲做了一件出人意料的事：年过半百的她重返校园，获得了学士和硕士学位，然后就退休了。为什么？因为她想让她的孩子们知道，他们可以做到任何事。她不想让我和妹妹相信，我们是受害者的后代。

事实上，作为白人男性，我虽然出身贫寒，但是在这个世界上仍然享有一定的特权。没有人因为我的肤色对我心怀戒备，有些对其他人紧闭的大门会为我敞开。不过，这仍然不容易。但是，就像我母亲一样，我们所有人都可以让自己从受害者变成英雄，为了某个目标努力奋斗。

永远——永远不要让任何人强迫你成为受害者，让你一蹶不振。如果你把自己看成受害者，人们要么为你感到难过，要么在试图拯救你时为他们自己感到骄傲，而你在故事里只是一个小角色。

但是，为你自己在这个世界上获得成功的权利而斗争，会有数百万人和你并肩战斗。人们喜欢和英雄并肩战斗。

观察成功人士，你会注意到他们当中大多数人非常讨厌把自己看成受害者。这是一件好事。

在故事中，受害者只是小角色。受害者在故事中存在，是为了让坏人看起来更坏、让英雄看起来更好，仅此而已。他们不会成长、蜕变、转型，或者在故事的结尾获得任何形式的认可。这是你永远不想扮演受害者的诸多原因之一。

我在这里所说的受害者，是打引号的"受害者"，因为我们当中许多人发现自己在扮演受害者，尽管我们根本不是受害者。

受害者是走投无路的人。他们真的需要拯救，否则就会受到伤害。

但是通常，我们总能找到出路。当遇到困难、寻求同情，或者不想为自己的行为负责时，我们就倾向于进入受害者模式。

扮演受害者通常意味着，我们为自己的不足责怪环境，而不是责怪自己。如果我们没能努力完成某项任务，我们会责怪工具、同事或者时间太短。但是事实上，我们只需要再努力一点。

扮演受害者很有诱惑力。受害者经常能够摆脱困境，因为他们是那么无助。资源会向他们倾斜，甚至会有人扮演拯救者，替他们完成工作。

扮演受害者的问题在于，这种方法只能用一次。人们会厌倦和虚假的受害者共事，因为当你和虚假的受害者在一起时，到最后你总是不得不替他们完成工作。最后，虚假的受害者会遭到怨恨，因为他们窃取了那些本应属于真正的受害者的资源和帮助。

合格的专业人士能够应对任何类型的挑战——甚至不公平的挑战——并且仍然能够想方设法获得胜利。我们所有人偶尔都会受到不公平的对待。但是，英雄能够战胜他们的压迫者，完成重要的使命。

在电影的结尾，受害者被抬上救护车，与压迫者顽强战斗、伤痕累累的英雄得到嘉奖。

在生活中，受害者的角色（在我们自己的生活中，有时候我们都是真正的受害者）是暂时的。当我们是真正的受害者时，应该怎样做？我们应该大声呼救，然后积蓄必要的力量，重新变成英雄。

你会发现，生活中最有影响力、最成功的人会迅速地从错误中吸取教训，渴望证明自己的价值而不是请求施舍，勇于为自己的缺点承担责任，希望下一次有机会证明自己。

受害者不会带头冲锋陷阵。受害者不会对其他人施以援手。受害者没有力量战胜让他们陷入困境的人。只有英雄才能做到这些事。

只有你才能决定自己是受害者还是英雄。这个身份不是我或任何人强加给你的。关键在于你如何看待自己。

你必须选择不要把自己看成受害者。这会终结你的个人发展。诚然，有些人需要克服更多的困难。但是，你克服的困难越多，你的英雄事迹就越伟大。

如果你面临挑战，想要把自己看成受害者，请记住：**走得最远的人会获得最强大的力量**。坚持战斗。不要放弃。

我承认，不把自己看成受害者的战斗是一场持久战。事实上，受害者心态经常是我的本能反应。无论是接受朋友的建设性批评，还是被网络上的喷子激怒，我都必须提醒自己：我不是受害者。这个世界上有需要帮助的真正的受害者。我是一个努力变得更好的英雄，因为我和你一样，我们是英雄，肩负着改变世界的使命。我希望每个人都能接受商业教育，转变为价值驱动型专业人才。

所以，面对挑战，我必须包扎伤口，继续战斗。

你也一样。你的任务太重要了，不能让受害者的命运落到你头上。

做一个英雄吧！

▶▶ 每日提示

　价值驱动型专业人才将自己看成英雄，而不是受害者。

3　不要小题大做

价值驱动型专业人才不会小题大做。

你会注意到，优秀的领导者都不会小题大做。

你越擅长保持冷静，并帮助周围的人保持冷静，你就越会受到尊敬，也越有可能获得晋升。

通常，当一个人试图引起别人的注意时，就会表现出不必要的戏剧性。有些人做事情的方式就是戏剧性的。例如，如果你不希望别人批评你，那么对批评做出过激的反应，下次别人就不会批评你了（不会当着你的面）。可悲的是，这意味着他们会整天在背后批评你。

喜欢小题大做的人会把环境中的能量吸取到自己身上。这非常适合舞台上的演员，但是在现实生活中，特别是在商业环境中，这会毁了你的职业生涯。

每个人每天都有一定数量的能量。他们用这些能量满足自己的需求、同事的需求，以及他们关心的人的需求。但是，小题大做的人会偷走你的能量，让你无力去照顾自己和其他人。

因此，小题大做的人可能令人反感，大多数人都试图远离他们。

那么，如何成为一个处变不惊而不是小题大做的人呢？

关键在于正确地评估一个情境的戏剧性水平，缩小你的反应与情境本身的戏剧性水平之间的差距。

如果用 1 到 10 来评价一个情境的戏剧性，要成为一个平衡的人，关键就在于，不要超越情境本身应有的戏剧性水平。

如果有人登录你的电脑查邮件，事后忘了退出，而你的反应是把电脑扔到房间另一头，这个戏剧性差距就太大了，你反应过度了。

通常情况是这样的：

我们尊重那些不会对情境做出过度戏剧性反应的人，我们信任那些能够保持冷静、处变不惊的人，这样，处理真正重要的问题所需要的关键能量才不会被浪费。

尼尔·阿姆斯特朗（Neil Armstrong）是第一个在月球上行走的人，以在任何情况下都镇定自若著称。无论周围的情况多么混乱，他都能让航天飞机安全着陆，然后把登陆舱降落在月球上。在执行重大任务时，做一个小题大做的人不符合你的利益。

那么，如何才能避免小题大做？

在面临戏剧性情境时，一个关键问题是问自己：一个头脑冷静、处变不惊的人会如何处理这种情况？

你会惊讶地发现，当你把自己从情绪化的情境中抽离，就好像你是写剧本的作家而不是剧中的人物时，正确的反应会变得多么清楚明了。

一个朋友曾经告诉我，有一次他和妻子吵架，他试着让自己置身事外，就像看电影一样看着当时的情境，他意识到自己是个大惊小怪的混蛋。他没有让戏剧性升级，而是向妻子坦白，他为自己的行为感到尴尬，请她等几分钟，然后他会回来道歉。

他们和好之后，他惊讶地发现她更尊重他了，因为他能够冷静地处理问题，而不是非要吵到赢。

事实上，我们不必成为情绪的奴隶。我们的情绪不一定要付诸行动。

随着时间的推移，一个能够在压力下保持冷静、处变不惊的人将得到尊重，并被选为领导者。

▶ 每日提示

价值驱动型专业人才不会小题大做。

4 把反馈当作礼物

价值驱动型专业人才知道反馈是一份礼物。

当我们出生时，人们聚在我们周围，惊叹不已。每个人都想拥抱我们，赞美我们，庆祝我们的存在。为什么？因为没有什么比一个新生儿更值得无条件地爱了。

然而，随着年龄的增长，人们对我们的期望也越来越高。他们教导我们，什么是安全的、什么是危险的，什么是适当的、什么是不适当的，以及什么是道德的、什么是不道德的。

一个合格的成年人的标志就是具备接受反馈的能力。期待无理由的赞美是孩子的标志。

孩子仅仅因为存在就能获得赞美。而成年人承担着更高的期望，他们要学习、成长、回馈他人。

虽然接受反馈通常很难，尤其是不请自来的反馈，但是接受反馈的能力是成熟的标志，会让你在市场上拥有竞争优势。

愿意接受来自值得信赖的导师和朋友的反馈的人，能够提高他们的社交和专业能力。

世界上许多最成功的人，都有一套接受同侪反馈的机制。

你也可以建立一套机制，用来接受关于你的专业表现的反馈。你能把工作做得更好吗？你能提前完成任务吗？有没有你不了解的技术，可以让你更高产、更高效？你有没有因为自己不专业的行为给周围的人带来困扰？

　　在我的公司，每个团队成员每周都要跟他们的老板开一次非正式的短会，每季度进行绩效评估。在这些会议上，人们开诚布公，通过批评来改进他们的绩效。然后，到年底，公司根据绩效分配薪酬。因此，如何应对反馈与每个人的经济价值直接相关。

　　如果你所在的公司没有一套让你获得反馈的执行系统，那就自己安排每季度与你的导师或同事会面，向他们寻求反馈。坚持追问他们你能够在哪些方面做出改进。

　　为了在你的生活中建立一个反馈循环，可以采取下面的方法：

　　1. 选择那些关心你的最大利益的人。

　　2. 每季度或每月安排一次例行会议。

　　3. 总结一套常规问题：

　　　　你发现我有不专业的表现吗？

　　　　你注意到我有什么遗漏之处吗？

　　　　我有哪些可以改进之处？

　　来自你信赖的朋友的开诚布公的观察就像营养物质，能够帮助你的职业肌肉健康生长。

　　他们提供反馈后，问问他们是否有所保留。也许有些东西你完全没有注意到，但是为了进步，你需要知道。

感谢他们的反馈，然后把他们的反馈应用到你的工作中。除非能够帮助我们采取行动、做出改变，否则反馈是毫无意义的。

接受和消化反馈能够成为你的秘密武器，让你成为一名强大的专业人士。很少有人拥有听取和接受反馈的能力。如果你有这种能力，你个人和你的职业生涯的发展都将超乎想象。

▶▶ 每日提示

价值驱动型专业人才会建立一套从他们信赖的人那里获取反馈的机制，然后运用这些反馈来促进他们职业生涯的发展。

5 知道如何正确地应对冲突

价值驱动型专业人才知道如何正确地应对冲突。

回避冲突的人很少被选为领导者。

为什么？因为所有的人类进步都是通过冲突实现的。如果不投入并化解冲突，你就不可能攀登一座山峰、建造一座桥梁、创建一个社区，或者经营一家企业。

积极进取的道路上总会遇到阻力。

管理者的首要任务就是化解冲突。无论是与不满意的顾客谈话，还是解雇表现不佳的雇员，无论是报告令人失望的数据，还是直面竞争对手，冲突和成功总是相伴相生。

如果回避冲突，你就不可能获得成功。

那么，怎样才能以一种对我们自己和周围的每一个人都有利的方式化解冲突呢？

理解以下四种策略，能够帮助每个人化解冲突，从而在职业生涯中获得成功。

1. 期待冲突。冲突是合作的自然而然的副产品。无论是在企业里还是在社会中，人们在一起工作时，在探索前进的道路上都会产生紧张情绪。冲突并没有错，它是进步的副产品。

2. 控制你的情绪。冲突一旦变得情绪化就会失控。当你让蔑视和愤怒占据了你的头脑时，你大脑中理性、明智的部分就关闭了，此时更有可能让事态升级。发生冲突时，要尽量保持冷静和理性。

3. 肯定与你对抗的人。在对抗中，人们常常觉得自己在人格层面受到了威胁。即使在对抗中，也要确保你的发言保有肯定和尊重。

4. 要明白你可能是错的。当个人将自己的想法视若珍宝时，冲突就会升级。永远记住，冲突的重点在于进步，而不是证明你是对的。无论你在跟谁沟通，都要抱着合作的态度，告诉他你是为了让他和他的职业生涯从中受益，让目标朝着积极的方向发展。

价值驱动型专业人才喜欢健康的冲突，就像职业运动员喜欢刻苦训练一样。只有经历健康的矛盾冲突，我们才能进步。

管理好冲突，你就会被赋予越来越多的责任。

▶ 每日提示

价值驱动型专业人才知道如何管理冲突。

6　渴望被信任和尊重，而不是被喜欢

价值驱动型专业人才希望被信任和尊重，而不是被喜欢。

团队成员真正希望从领导者那里得到的是什么？

业余领导者更在意让团队成员喜欢他们，而不是尊重他们。但是，团队成员最想从领导者那里得到的不是友谊。他们最想得到的是明确性。

如果一个篮球教练更希望被喜欢而不是被尊重，他的球队会输掉一场又一场比赛。

当然，每个人都希望得到善意和尊重，但是，从长远来

看，一个善良的、值得尊重的领导者如果不能设定明确的期望，并指导团队走向胜利，就会让团队成员感到挫败。这种挫败感会使领导者失去尊重。

许多新手管理者不理解，当他们被选为领导者时，与同事的关系会发生怎样的变化。曾经是朋友的人不再信任他们。当他们走进房间时，笑声通常戛然而止，他们和团队中的同事之间开始生出微妙的距离。

这种变化是自然而然的。

这种距离并不意味着团队成员不再喜欢他们的领导者。事实上，团队成员往往比以前更加尊重他们的朋友。之所以会出现这种距离，是因为担心遭到昔日朋友的反对，这样可能会害得他们丢掉工作。

要注意，随着职业生涯的发展，不要把你获得的地位个人化。不要试图让别人喜欢你（虽然这很有诱惑力），要赢得团队成员的尊重。

作为领导者，做好下面三件事，每个人都会尊重你：

1. 明确期望。价值驱动型领导者关注大局，让他们的团队知道公司或部门的发展方向。团队整体的目标是什么？当你问一个团队成员，老板对他有什么期望时，他应该知道答案；否则，领导在这一点上就是不成功的。

2. 分配责任。艾米要负责每月提交库存报告吗？布莱德每天要打 15 个推销电话吗？让他们知道自己的任务，并在每天的非正式短会上汇报。

3. 奖励良好的表现。 在你说明了总体情况，并为每个人设定了明确的期望后，就要确保团队如期完成工作，对他们提出挑战，支持他们缩小绩效差距。不要让团队成员猜测你是怎么想的。即使他们显然达到了你的期望值，也要明白无误地告诉他们，否则他们是不会相信的。

当你设定了明确的期望，为这些期望分配了责任，并为良好表现提供了奖励时，你的团队将茁壮成长。少花点时间让别人喜欢你，多花点时间给团队明确的期望，你就会赢得他们的尊重。

▶▶ 每日提示

价值驱动型专业人才通过明确期望、分配责任和奖励良好的表现，赢得团队成员的尊重。

7　坚定的行动派

价值驱动型专业人才都是坚定的行动派。

我从来没有见过哪两个成功人士是一模一样的。我见过的成功人士里，有谦虚的人，也有傲慢的人；有富于创造力的人，也有缺乏创造力的人；有精力旺盛的人，也有自由散漫的人。你会奇怪他们最初是怎么获得成功的。

事实上，成功更多靠的是做真正的自己，而不是任何公式。不同的人有不同的超能力，当我们充分发挥自己的超能力时，我们就会开始在职业生涯中看到积极的进步。

也就是说，每个成功人士都有一个共同点：他们都是坚定的行动派。

我所说的行动派，是指他们不会让想法随着时间的流逝而消失。他们会采取行动来把它们变成现实。

在我们的办公室里，我们把这种行动称为"把球投到达阵区"。之所以这么说，是因为我们知道制定计划、赛前动员甚至带球前进的艰苦努力都不能得分，唯一能够得分的是把球投到达阵区。

成功人士会在现实世界中实实在在地做成事情。他们不会让美好生活停留在想象中。

事实上，让我惊讶的是，我遇到过很多成功人士，发现他们并不是特别聪明。通过交谈，我发现他们的阅读能力和想象力都很差。我很奇怪，为什么头脑如此简单的人能够拥有如此巨大的影响力和如此多的金钱。然后，我意识到，这是因为他们都是坚定的行动派。

其他人可能有了不起的想法，或者能够全方位、多角度

地看待重要的问题，但是以行动为导向的人擅长把事情
做成。

如果你想要建立自己的公司或发展自己的职业生涯，请
记住，只要每天醒来采取行动，就能在市场上打败任何人。

稍后，我将向你展示一套个人生产率框架，它将帮助你
完成更多的工作。不过现在，只要知道白日梦和高谈阔论不
能在球场上得分就够了。只有当我们在现实世界里实实在在
地做成事情时，我们的世界才会开始变得更美好。

▶● 每日提示

价值驱动型专业人才通过采取行动在竞争中获胜。

8　不要自欺欺人

价值驱动型专业人才不会自欺欺人。

我的商业教练道格·凯姆（Doug Keim）曾经对我说过一段
话，令我记忆犹新。我们在电话里谈到，我的一名员工一年多
来一直表现不佳，我问他应该怎么办。后来，我无数次回想起
他的回答，这些话帮我做出了更好的决定，解决了问题。

他说：“唐纳德，别再自欺欺人了。”

本质上，道格是在告诉我：我完全知道自己需要做什

么；我只是不想去做。

我得让那个人走。是时候了。

从那以后，我发现大多数我们以为令人困惑的情况实际上并不令人困惑。事实上，伪装成困惑的往往是我们的愿望——我们想要避免冲突，不愿意采取行动。

例如，我们通常知道是该买买买，还是该把钱存起来。我们知道是不是需要向某人道歉。我们知道是该出门去玩，还是上床睡觉。我们实际上并不困惑。我们只是不想做那些需要做的事，所以我们自欺欺人，来逃避责任。

但是，价值驱动型专业人才能够通过客观的视角来看待世界，他们不会让"取悦他人"、让不重要的欲望或者避免冲突的想法影响他们的判断。

你什么时候见过一个有影响力的人总是不知道自己应该做什么？可能从来没有过。成功人士不会生活在困惑中，他们总是保持清醒的头脑。这并不是因为他们能够看清楚这个世界，而我们其他人不能。事实上，我们都能把世界看得相当清楚。只是我们选择了自欺欺人。

我发现，通常有以下三个原因让我选择自欺欺人：

1. 我想取悦别人。我知道自己需要做什么，但是担心如果我那样做了，别人会不喜欢我。

2. 我会丢脸。我担心如果我做了正确的事，其他人

（通常是陌生人）会怎么看我。

3. 我有恐惧。我害怕做正确的事会带来经济上或生理上的损害。

当我自欺欺人的时候，思考这三个原因能够帮助我发现真正让我困惑的是什么。无论是想取悦别人、怕丢脸还是恐惧，当我找到了原因，我往往就不再困惑了。

当我们感到困惑时，必须问自己这个问题：如果我是另一个人，置身事外地看待我的生活，应该采取的最显而易见的正确行动是什么？

这个问题的答案将揭示：如果我们没有自欺欺人，我们应该怎样做。

▶▶ 每日提示

价值驱动型专业人才不会自欺欺人，不会拒绝做出正确的决定。

9　永远保持乐观

价值驱动型专业人才永远保持乐观。

当我们在生活中绝大多数时间都过得非常顺心时，我们为什么还会生活在恐惧中，害怕事情变糟糕呢？

原因在于，人类是灵长类动物——灵长类动物非常擅长评估和回避危险。

或许太擅长了。

你的大脑是为了生存而设计的，这是它的首要使命。这意味着，作为灵长类动物，你非常善于预测可能发生的错误。你会从屋顶边缘退后，避免掉下去；你能感觉到一个人是否危险。

如果你不擅长这些事情，你就可能丢掉性命。

而且，我们不仅能够感知生理上的危险，还擅长避免让自己陷入尴尬的境地，因为尴尬会让我们失去在部落中的位置。我们擅长回避那些可能导致失败的冒险行为，因为失败会浪费我们生存所需要的资源。

的确，那些对风险/回报更加敏感的人，倾向于选择比其他人更安全的生活方式。他们的损失更少，因为他们承担的风险更小。

但是，因为他们承担的风险更小，他们得到的回报也更少。

如果我们不小心，就会让规避风险的欲望把自己伪装起来，戴上愤世嫉俗的面具。例如，当人们开始谈论成功时，愤世嫉俗者会嗤之以鼻。为什么？通常是因为他们害怕风险，又不想承认自己内心的恐惧。

事实上，生活中有些成功的机会是虚幻的，但也有一些机会是真实的。你越能保持乐观、勇于尝试，就越有可能享受到回报。

保持乐观，有朝一日，你获得成功的机会就会大大增加。你越乐观，就越愿意尝试——而你尝试得越多，就越有可能真正获得成功。

有影响力的人相信奇迹会发生。当他们勇于尝试却遭遇失败时，他们几乎立刻就会忘记失败，因为他们对下一个机会充满期待。

给我一个成功者的例子，我就能举出一个经历过无数次失败的人的例子。给我一个失败者的例子，我就能举出一个失败了几次就放弃的人的例子。这是违反直觉的，但是成功者比失败者更经常遭遇失败，只是他们对生活抱着乐观的态度，总能够重新站起来。

从人际关系到体育和商业，生活中的每个领域都是如此。

多年前，我采访过皮特·卡罗尔（Pete Carroll），当时是他担任西雅图海鹰队教练的第二年。他有一个特殊的信念，那就是：每一次参加比赛，他都会赢。无论是跳棋比赛、国际象棋比赛还是橄榄球比赛，他都相信自己能够赢。

我忍不住问他："教练，如果你输了怎么办？"

他向后靠在沙发上，举起双臂。"我会惊掉下巴！"他说，"每一次。我是说，唐纳德，我真的从来没想过我会输。"

"你每一次都会惊掉下巴？"我问道。

"每一次。我从来没想过我会输。"

仔细想想，卡罗尔教练的哲学非常了不起。通过保持乐观，他保留着继续努力、永不放弃的能量。就在我采访他一年之后，他和海鹰队赢得了超级碗。

第二年，他们重返超级碗，输掉了决赛。我猜皮特·卡罗尔至少有一分钟惊掉了下巴，然后就积极为争取明年的机会做准备了。

生活中，如果抱着先入之见，预先假设事情不会成功，你就会付出最高昂的代价。

生活是一场统计学的游戏。没人能给你任何保证，但是你投入的积极努力越多，获胜的可能性就越大。

▶▶ 每日提示

价值驱动型专业人才知道，保持乐观能增加他们在工作和生活中获得成功的机会。

10　拥有成长型心态

价值驱动型专业人才拥有成长型心态。

斯坦福大学教授卡罗尔·德韦克（Carol Dweck）在《终身成长》（*Mindset*）一书中写道，在很大程度上，两种心态决定了个人和团队的成败。第一种是固定型心态。拥有固定型心态的人相信，他们的性格特质和能力在很大程度上是无法改变的，他们就是他们自己，不可能进化成更好的版本。

拥有固定型心态的人会将他们的智力和能力记录在案，但是不相信自己可以进步。

那些拥有固定型心态的人相信他们的智力水平生来就是固定的，他们害怕在别人面前显得笨拙。他们不相信他们可以学习新东西，所以在受到批评或遭遇失败时就会启动防御机制。为什么他们充满防御性？因为他们不相信他们可以通过学习做得更好。

德韦克讲到的第二种心态是成长型心态。德韦克发现，拥有成长型心态的人相信他们的大脑具有可塑性，能够变得更聪明。他们愿意拥抱挑战，不认为失败是对他们个人的谴责。

德韦克在对学生的研究中发现，拥有成长型心态的学生在考试成绩不佳后寻求提高自己，而拥有固定型心态的学生却放弃了。拥有成长型心态的学生会进步，取得更好的成绩；而拥有固定型心态的学生不会。拥有成长型心态的学生会选修更高级的课程，拥有固定型心态的学生则会越落越远。

很容易看出事情会如何发展。拥有成长型心态的人会被赋予更大的责任，有更好的表现，获得更高的报酬。

好消息是，从固定型心态转变为成长型心态是可能的。

要从固定型心态转变为成长型心态，德韦克建议从以下五个方面改变对世界的看法：

1. 挑战。 我们必须拥抱挑战，而不是回避挑战。

2. 障碍。 我们必须克服困难、坚持到底，而不是轻易放弃。

3. 努力。 我们必须把努力看成掌握某项知识或能力的必经之路，而不是徒劳无功的苦役。

4. 批评。 我们必须从批评中学习，而不是忽视有用的反馈，

5. 其他人的成功。 我们必须从其他人的成功中得到鼓舞，而不是感觉受到威胁。

简言之，拥有成长型心态意味着，知道我们永远不会到达山顶，但是我们可以继续攀登，我们爬得越高，风景就

越好。

　　从固定型心态转变为成长型心态，意味着从相信"我就这样了"转变为相信"我正在变得更好"、从相信"我很好"转变为相信"我在不断学习和提高"。

　　认为自己拥有的是固定型心态而不是成长型心态，这种想法本身也是一个自我实现的预言。你拥有成长型心态吗？

▶▶ 每日提示

　　价值驱动型专业人才以成长型心态看待世界，相信在生活中的每个领域，他们都能成长和进步。

价值驱动型专业人才

通过掌握每一种核心竞争力

来提升你个人的经济价值。

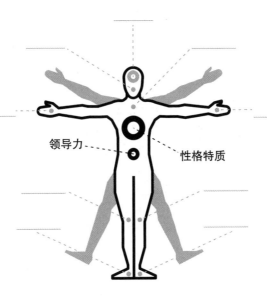

领导力

性格特质

第二章　领导力至简

如何创建使命宣言和
指导原则

引言

一旦拥有了价值驱动型专业人才的性格特质，你就会成为领导者。我敢保证，任何表现出本书前两周定义的性格特质的人都将获得晋升。

但是然后呢，我们如何做领导？

领导力包含很多内容。事实上，没有哪两个领导者是相似的。

但是，所有优秀的领导者都能够制造出一种愿景，激励团队成员，并将他们团结在一起；否则，他们的团队成员就会感到困惑，他们的目标就会失败。

事实上，领导力可以简略地概括为：

1. 邀请团队成员进入一个故事。

2. 解释为什么这个故事很重要。

3. 让每个团队成员在故事中扮演一个角色。

领导者的首要任务是每天早上醒来，指着地平线，让团队中的每个人都知道组织要往何处去。

领导者的第二项任务是用简单明了的术语解释，为什么前往那个特定的目的地非常重要。

领导者的第三项任务是分析每个团队成员的技能，找到他们在故事中扮演的重要角色。

所有人都渴望拥有一个使命。我们生来都认为自己是故事中的英雄，即使在孩提时代，我们在这个星球上的存在也很重要。

不仅如此，作为群居动物，每个人都渴望加入一个团队，完成一项严肃而重要的使命。

这就是为什么充满活力的领导者能够吸引最有才能的人。你认识或听说过的每一位充满活力的领导者，内心都拥有一项其他人渴望加入的使命。

伟大的领导者之所以伟大，是因为他们的使命让他们伟大。没有例外。

如果团队不能团结在一个令人信服的使命周围，就会走一步看一步，把时间、精力和金钱浪费在各种各样的事情上，而这些事情并不能为组织的总体目标服务。

没有使命的人不仅浪费了公司的资源，还浪费了他们自己的生命。人类生来就是英雄，肩负着重大的使命。当我们完成重要的任务时，会觉得自己很重要。当我们没能做到这一点时，会觉得自己的潜力没有发挥出来。

一个能够帮助团队定义使命，每天提醒团队成员这个使命是什么，以及为什么它很重要的领导者，对组织来说是一份宝贵的礼物。

在接下来的五天里，我将向你介绍一套由五个部分组成的指导原则。这套指导原则定义了使命，可以用来团结整个公司或公司的某个部门。甚至有很多人用这套创建使命宣言的框架来组织他们的家庭！

接下来五天里我将介绍的这套原则，可以用于你的职业、个人生活及家庭。

在我自己的生活中，我已经为我的个人生活、婚姻、家庭和公司建立了一套指导原则（一个使命），并为我开展的中产阶级家庭的政治宣传活动制定了一套指导原则。

有了这些指导原则，我不会每天早晨在迷惘中醒来。我总是知道自己应该做什么，以及为什么应该这样做。

我将教给你的每一套指导原则都包括五个组成部分：

1. 创建一则使命宣言，并真正为之感到兴奋。

2. 定义一组关键特征，指导你个人或组织的发展。

3. 创建一份关键行动清单，确保你能够完成使命。

4. 讲述一个故事，用来吸引完成使命所需要的资源。

5. 定义一个主题，解释"为什么"你的使命是这样的。

这些用来为你自己或组织创建愿景的指导原则应该在一页纸内就能写完，如图 2.1 所示。

想要学会为你和你的团队创建指导原则，请阅读每天的章节，然后付诸实践。

珍妮花店

使命宣言
我们通过提供休斯敦地区最好的鲜花给人们带来欢乐，因为当人们收到他们所爱的人送来的鲜花时，他们会感觉焕然一新。

关键特征
1. 积极：我们相信每个人的日子都可以被鲜花点亮。
2. 创意：我们提供休斯敦最美丽的鲜花。
3. 专注：我们致力于自己的工作，因为其他人的欢乐取决于我们的工作。

关键行动
1. 微笑：我们抱持乐观、积极的态度，因为鲜花是给人带来欢乐的。
2. 学习：我们不断学习关于鲜花的知识，努力做出更好的插花作品。
3. 清洁：我们每天三次清扫店铺地板。

故事推介
　　在珍妮花店，我们相信许多人在生活中没有得到别人的认可。不被认可让人难过，让人失去希望。
　　收到鲜花时，人们会感觉焕然一新，因为有人记得他们。只要一束花，就能让人想起有人关心他们，给他们带来几天的好心情。
　　我们提供休斯敦地区最好的鲜花，因为这是一种简单有效的方式，让人们对他们所爱的人表示认可，每个人都值得拥有。

主题
收到鲜花，得到认可时，人们会感觉焕然一新。

图 2.1

　　第三周结束时，你将学会一项大多数领导者都没有意识到的基本技能。你将知道如何让团队围绕着一项使命团结起来。

11　创建使命宣言

要团结和激励团队，就要学会创建简短、有趣、令人难忘的使命宣言（参见图 2.2）。

珍妮花店

使命宣言

我们通过提供休斯敦地区最好的鲜花给人们带来欢乐，因为当人们收到他们所爱的人送来的鲜花时，他们会感觉焕然一新。

关键特征

1. 积极：我们相信每个人的日子都可以被鲜花点亮。
2. 创意：我们提供休斯敦最美丽的鲜花。
3. 专注：我们致力于自己的工作，因为其他人的欢乐取决于我们的工作。

关键行动

1. 微笑：我们抱持乐观、积极的态度，因为鲜花是给人带来欢乐的。
2. 学习：我们不断学习关于鲜花的知识，努力做出更好的插花作品。
3. 清洁：我们每天三次清扫店铺地板。

故事推介

在珍妮花店，我们相信许多人在生活中没有得到别人的认可。不被认可让人难过，让人失去希望。

收到鲜花时，人们会感觉焕然一新，因为有人记得他们。只要一束花，就能让人想起有人关心他们，给他们带来几天的好心情。

我们提供休斯敦地区最好的鲜花，因为这是一种简单有效的方式，让人们对他们所爱的人表示认可，每个人都值得拥有。

主题

收到鲜花，得到认可时，人们会感觉焕然一新。

图 2.2

要领导你自己或你的团队，你必须知道要往哪里去。你必须定义一个具体的目的地。

大多数公司都是通过使命宣言来做到这一点的。但是，让我们面对现实吧，大多数使命宣言都很糟糕。这些使命宣言充满了内部人的行话和商业术语，听起来更像是律师为股东写的，而不是对工作充满激情的团队成员写的。

那么，如何创建一则能够真正让人们记住并执行的使命宣言呢？

如果电影《勇敢的心》（*Braveheart*）中的威廉·华莱士（William Wallace）不能在马背上喊出他的使命宣言，激励一群士兵为了这个使命而牺牲自己，那么这就不是一则足够有吸引力的使命宣言。

想象一下，威廉·华莱士喊出的是你公司的使命宣言——当然，如果你知道你公司的使命宣言是什么的话。

很难想象你现在的使命宣言能够鼓舞士气？

好吧，让我们来解决这个问题。

好的使命宣言应该**简短、有趣、鼓舞人心**，否则它就没有价值。

此外，你的使命宣言应该将你的努力定位为对不公正的反击。它应该解释你做了什么来为人们服务，以及为什么这种努力很重要。

登陆诺曼底海滩的士兵们在执行一项使命。民权运动时期穿越南方的自由乘客（Freedom Riders）在执行一项使命。重新定义人类极限的宇航员在执行一项使命。用电动汽车颠覆了内燃机行业的汽车制造商特斯拉（Tesla）和用流媒体颠覆了电影院的网飞公司（Netflix）都在执行它们的使命。你正在阅读的这本书通过用极低的成本传授实用的商业技能，颠覆了美国的商学院。

人们被使命吸引。他们不会被商业术语吸引。而且，再强调一次，你的企业是由那些想要为使命做出贡献的人组成的。

一则优秀、简短的使命宣言可以套用以下模板：

我们将在＿＿＿＿做到＿＿＿＿，因为＿＿＿＿。

例如：

管道公司：我们将在未来五年内为一万名顾客提供服务，因为每个人都应该享受到让他们感觉物有所值的管道服务。

软件公司：到 2029 年，我们的软件将在美国一半的电脑上运行，因为没有人应该忍受一个令他们困惑的软件界面。

家庭餐馆：我们将在五年内成为全州最好的比萨饼店，因为用本地原料制作的比萨是值得本地人炫耀的资本。

像这样简单的使命宣言能够激励行动，因为其中包括了最后期限，也制造了一种紧迫感。

顺便说一句，如果最后期限到了，你只需要更新使命宣言。没有理由不能每隔几年就重建一份使命宣言。

你当然不是一定要套用这个模板来创建使命宣言，但是说实话，它比今天大多数组织使用的使命宣言都更清晰、更鼓舞人心。

事实上，大多数使命宣言都完全被遗忘了。你知道你的使命宣言吗？你的团队中有人记得吗？

有一次，我和一群高管坐在一间会议室里，当我说大多数使命宣言都很糟糕时，他们都强烈反对。他们最近刚刚进行了一次48小时的闭门讨论，在这段时间里，他们字斟句酌地确定了他们的新使命宣言。

我指向首席财务官，问他是否参加了闭门讨论。他说他参加了。我让他背诵一下使命宣言，他却背不下来——他已经忘了。

事实上，如果我们或我们的团队成员不能背诵使命宣言，我们就没有在执行使命。我们已经忘记了我们的使命是什么。

有能力的团队成员知道如何激励自己，并让团队围绕着使命宣言团结起来。

记住，使命宣言要简短、有趣、鼓舞人心。

使命宣言是指导原则五个部分中的第一部分。在接下来

的四天里，我将继续介绍其余的部分，教你如何领导、调整
和激励你的团队。

▶▶ 每日提示

　　要团结你的团队，就要创建一套指导原则，其中包括
简短、有趣、令人难忘的使命宣言。

12　定义关键特征

定义为了完成使命所需要的关键特征，你就能改变自己和你
的团队。

　　指导原则的第二部分是关键特征（参见图 2.3）。

　　当你开始执行使命时，你就是在邀请人们走进你的故
事。在故事中，他们要克服困难，完成一项伟大的任务。而
且在故事中，人物会改变，他们会变得更强大、更自信、准
备更充分、更有能力做好手头的工作。

　　正是因为经历了一个有意义的故事，我们才能成为更好
的自己。

　　当你列出为了完成使命，你和团队需要具备的关键特征
时，基本上就是在告诉团队中的每个人，他们需要成为什么
样的人。

珍妮花店

使命宣言

我们通过提供休斯敦地区最好的鲜花给人们带来欢乐，因为当人们收到他们所爱的人送来的鲜花时，他们会感觉焕然一新。

关键特征

1. 积极：我们相信每个人的日子都可以被鲜花点亮。
2. 创意：我们提供休斯敦最美丽的鲜花。
3. 专注：我们致力于自己的工作，因为其他人的欢乐取决于我们的工作。

关键行动

1. 微笑：我们抱持乐观、积极的态度，因为鲜花是给人带来欢乐的。
2. 学习：我们不断学习关于鲜花的知识，努力做出更好的插花作品。
3. 清洁：我们每天三次清扫店铺地板。

故事推介

在珍妮花店，我们相信许多人在生活中没有得到别人的认可。不被认可让人难过，让人失去希望。

收到鲜花时，人们会感觉焕然一新，因为有人记得他们。只要一束花，就能让人想起有人关心他们，给他带来几天的好心情。

我们提供休斯敦地区最好的鲜花，因为这是一种简单有效的方式，让人们对他们所爱的人表示认可，每个人都值得拥有。

主题

收到鲜花，得到认可时，人们会感觉焕然一新。

图 2.3

为了完成使命，你和团队需要具备什么样的特征？你需要动作更快、更关心顾客，或是写出更好的代码吗？

在定义你和团队需要的关键特征时，确保它们既有激励意义又有指导意义。

所谓的激励意义，是指它们不一定是你现在具备的特征。它们可以是需要进步和改变的特征。所谓的指导意义，是指当人们听到它们时，应该立刻采取行动。积极的态度是有指导意义的，比如规定员工必须打推销电话，或者迅速到门口迎接顾客。如果你的关键特征太模糊，团队成员就不知道如何将其付诸行动，因而无法在激励之下做出改变。

如果你的使命是为本地区的流浪狗寻找家园，那么团队成员的关键特征就应该是喜欢狗。如果你的使命是开发一款使理财简单化的软件，那么团队成员的关键特征就应该是熟悉优秀的软件界面。

我们最近合作的一家快餐厅以积极向上的环境著称。他们每天开门都要面对为了吃到他们的炸鸡已经排队等了好几个小时的顾客。虽然取得了巨大的成功，但他们面临的挑战是：如何在巨大的压力之下保持积极的态度。

因此，他们将自己的关键特征之一定义为：在压力下享受乐趣。

这个关键特征非常出色，因为它满足了我们的两个目标要求：

1. 具有激励意义。它帮助团队成员了解，为了完成使命，他们需要成为什么样的人。

2. 具有指导意义。它告诉团队，当压力增大时，他们需要成为什么样的人。

如果厨房已经忙不过来了，某一种食材刚好用完，门口又来了一辆满载游客的公共汽车，我们餐厅的朋友们应该如何应对？他们应该在压力下享受乐趣。

你能想象将一个关键特征定义为在压力下享受乐趣，将会抵消多少负面情绪、避免多少歇斯底里吗？

当你定义了团队需要的关键特征，你就定义了哪些人可以为你工作。例如，如果餐厅中的某个人不能在压力下享受乐趣，那他就不是合适的人选。

定义关键特征可以帮助你了解应该雇用哪些人、放弃哪些人。如果你不能定义完成使命所需的关键特征，就可能将错误的人招入团队。

为了完成使命，你和团队成员需要具备哪些重要的特征？你们需要成为什么样的人？

▶▶ 每日提示

作为指导原则的一部分，定义为了完成使命，你和团队所需要的关键特征。

13　决定关键行动

定义三项可重复的关键行动，组织中的每个人都可以通过采取这些行动，为使命做出贡献（参见图2.4）。

大多数组织的指导原则都被遗忘了，因为它们不能激励

行动。但对于故事中的人物来说，除非他们真的做了什么
事，否则使命也永远不会完成。

珍妮花店

使命宣言	关键特征	关键行动
我们通过提供休斯敦地区最好的鲜花给人们带来欢乐，因为当人们收到他们所爱的人送来的鲜花时，他们会感觉焕然一新。	1. 积极：我们相信每个人的日子都可以被鲜花点亮。 2. 创意：我们提供休斯敦最美丽的鲜花。 3. 专注：我们致力于自己的工作，因为其他人的欢乐取决于我们的工作。	1. 微笑：我们抱持乐观、积极的态度，因为鲜花是给人带来欢乐的。 2. 学习：我们不断学习关于鲜花的知识，努力做出更好的插花作品。 3. 清洁：我们每天三次清扫店铺地板。

故事推介

　　在珍妮花店，我们相信许多人在生活中没有得到别人的认可。不被认可让人难过，让人失去希望。

　　收到鲜花时，人们会感觉焕然一新，因为有人记得他们。只要一束花，就能让人想起有人关心他们，给他们带来几天的好心情。

　　我们提供休斯敦地区最好的鲜花，因为这是一种简单有效的方式，让人们对他们所爱的人表示认可，每个人都值得拥有。

主题

收到鲜花，得到认可时，人们会感觉焕然一新。

图 2.4

　　在指导原则中将关键行动包括进来，能够帮助你和团队
成员采取行动。

　　定义了使命宣言和关键特征之后，我们必须定义我们每
天都要采取的关键行动，来推动故事向前发展。

　　当然，每个团队成员都要采取一系列不同的行动，但是通过定义三项每个人都可以采取的关键行动，能够营造出一种团结一致的感觉。

　　不仅如此，通过定义团队中的每个人每天都能采取的三项关键行动，你还可以积蓄能量，并用这些能量来完成使命。

　　例如，如果我们的一项关键行动是"每天早上开门前开一个 15 分钟的短会"，我们就会早早做好准备，知道开门时应该先做什么。

　　思考一下，有哪些你的团队（或部门）的每个成员每天都可以采取的行动，能够转化成更高的生产率、收入、顾客满意度和活动产出比？

　　你应该为你自己和组织定义的关键行动确立一种生活方式，由此带来更高的回报。

　　在我个人的指导原则中，我的三项可重复的关键行动是：早起，写作，说"你先请"。

　　这听起来有点滑稽。但实际上，早起确保了我要在前一晚早睡，增加了我的锻炼机会，让我完成了更多的作品（因为我在早上写作），并让我在早上拥有一些安静的时间；每天坚持写作，就能确保我的职业生涯和公司继续发展；在和别人交往时说"你先请"，就能确保我把别人摆在第一位，而不会变成一个混蛋。

这三项关键行动建立起一种生活方式，如果日复一日地执行，就能为我带来成功。

顺便说一句，我建议关键行动不要超过三项。因为如果超过三项，人们很可能一项也不会执行了。

有哪些可重复的关键行动能够帮助你和团队成员获得成功，推动使命向前发展？它们是否简单易行，是否可重复？它们能真正地影响到使命吗？

▶▶ 每日提示

> 定义你和团队成员每天都能采取的三项关键行动。这些行动能够确保你获得成功，帮助你完成使命。

14　讲一个好故事

知道如何通过讲故事，吸引人们投身于你的使命中。

为你的公司或项目讲故事很重要，因为通过讲故事，你能够吸引资源。人们会根据你讲的故事，决定是否购买你的产品、给你投资，甚至为你做宣传。

然而，大多数人和公司都不知道如何讲述自己的故事。通常情况下，他们会错误地讲述自己的历史，再加上些项目符号和无聊的旁白。

但是，你的历史并不是你的故事。故事是不一样的。你的故事要解释你在做什么，要吸引人们加入你。相反，你的历史只是过去发生的一堆事情。

指导原则的第四部分叫作"故事推介"（参见图 2.5）。你需要故事推介的原因是，它能让你和团队中的每一个人用一种引人入胜的方式讲述你的商业故事，吸引人们投入其中。

珍妮花店

使命宣言	关键特征	关键行动
我们通过提供休斯敦地区最好的鲜花给人们带来欢乐，因为当人们收到他们所爱的人送来的鲜花时，他们会感觉焕然一新。	1.积极：我们相信每个人的日子都可以被鲜花点亮。 2.创意：我们提供休斯敦最美丽的鲜花。 3.专注：我们致力于自己的工作，因为其他人的欢乐取决于我们的工作。	1.微笑：我们抱持乐观、积极的态度，因为鲜花是给人带来欢乐的。 2.学习：我们不断学习关于鲜花的知识，努力做出更好的插花作品。 3.清洁：我们每天三次清扫店铺地板。

故事推介

在珍妮花店，我们相信许多人在生活中没有得到别人的认可。不被认可让人难过，让人失去希望。

收到鲜花时，人们会感觉焕然一新，因为有人记得他们。只要一束花，就能让人想起有人关心他们，给他们带来几天的好心情。

我们提供休斯敦地区最好的鲜花，因为这是一种简单有效的方式，让人们对他们所爱的人表示认可，每个人都值得拥有。

主题

收到鲜花，得到认可时，人们会感觉焕然一新。

图 2.5

任何能够邀请顾客和利益相关者进入公司故事的领导者，都会被推到台前，被赋予更大的责任。

还有任何能够邀请顾客进入故事、为公司带来更多收入的销售专家。

还有任何能够邀请顾客进入故事、为品牌创造狂热粉丝的客户服务代表。

然而，大多数公司讲述的故事都很无聊。事实上，很少有人关心你的公司是如何起步的，或者你是如何一直致力于维持高标准的工作环境的。一个好故事会过滤掉所有的杂音，只强调观众真正感兴趣的东西。一名合格的专业人士知道如何讲故事，特别是关于他们使命的故事。

最简单的故事结构是：人物遭遇变故，然后克服了一系列困难，使生活重归稳定。

这是《星球大战》（Star Wars）、《罗密欧与朱丽叶》（Romeo and Juliet）、《乌龙兄弟》（Tommy Boy）、"复仇者联盟"（Avengers）系列的所有电影，以及你能想到的任何浪漫喜剧的故事主线。讲故事的人为什么要使用这个模板？因为它是世界上最强大的吸引观众注意力的工具。

遗憾的是，你的历史可能无法套进这个模板。这就是为什么讲述你的历史而不是你的故事可能让观众感到厌烦，反而把他们直接推向竞争对手。

所以，如果我们想要讲述我们的故事，或我们企业（或工作的部门）的故事，套用这个已经沿用了数千年的模板吧。

在讲述你的故事时，这样做：

1. 从你或你的公司帮助人们解决的问题开始。

2. 让问题变得更糟糕。

3. 将你自己、你的公司或你的产品定位为问题的解决方案。

4. 描述人们使用你的产品解决问题带来的美好结局。

这个简单的模板已经被反复证明能够吸引观众。用这个故事模板过滤掉你公司的"事实"，剩下的就是精华。

例如，假设你经营的是宠物寄养业务，可以这样讲述你的故事：

> 大多数人都不喜欢旅行时把宠物留在犬舍。想到他们可爱的小狗关在铁笼子里，可怜巴巴地望着铁栏杆外，等待主人回来，他们就感到内疚。
>
> 在宠物天堂（Pet-Paws Paradise），我们每天至少和你的宠物玩8个小时，所以当你旅行时，它们会一直有人陪伴，快快乐乐。每天晚上，它们都在玩得筋疲力尽后酣然入睡，梦里还在回味着白天的欢乐。

当你把宠物留给我们时，你知道你的宠物是安全和快乐的，你会觉得自己是一个称职的宠物主人！

看出模板了吗？我们从一个问题开始，让问题变得更糟糕，接着将自己的产品定位为问题的解决方案，然后描述人们因为解决了问题，过上了更幸福的生活。

这是一个能够吸引顾客、投资者以及更多人的故事。销售人员可以用各种方式讲述这个故事：作为视频旁白，用小字印在名片背面，附在网站上和促销电子邮件中，甚至用在首席执行官演讲的开头和结尾。

如果你想打造一家会讲故事的公司，那就学会讲一个能够吸引顾客的故事。

最近，全世界最大的社交媒体公司之一雇用我们，来帮助他们庞大的销售人员队伍学习讲故事。我们教给他们的模板与你刚刚学到的没有什么不同。

讲故事并不难。只需要一点知识，另外记住，不要跑题。

你知道如何讲述你的产品或企业的故事吗？

你的公司能够解决什么问题？这个问题让人们有什么感觉？你的产品为什么是这个问题的解决方案？问题解决后，人们的生活将是什么样子？

按照顺序回答这些问题，你就能以引人入胜的方式讲述你自己、你的企业、你的部门或你的产品的故事。

别再讲述你的历史了，开始讲述你的故事吧。

合格的价值驱动型专业人才知道如何讲述一个有趣的故事。把你的企业故事写下来，作为指导原则中的故事推介。另外，确保每个团队成员都知道如何讲述组织的故事，这样信息才能传播开来，收入才能提高！

▶● 每日提示

用我们的故事模板讲述你的故事，让更多的人投身到你的使命中来。

15　定义你的主题和"为什么"

定义你的主题，让你和团队成员知道为什么你们的工作很重要。

指导原则的最后一个要素是主题。如图 2.6 所示，主题是你整个使命的基础。主题是你或你的组织要这样做的原因。

没有人想要为一个不重要的使命做出贡献。那么，我们如何让人们相信我们的使命是重要的？答案是：通过定义一个主题。

珍妮花店

使命宣言	关键特征	关键行动
我们通过提供休斯敦地区最好的鲜花给人们带来欢乐，因为当人们收到他们所爱的人送来的鲜花时，他们会感觉焕然一新。	1. 积极：我们相信每个人的日子都可以被鲜花点亮。 2. 创意：我们提供休斯敦最美丽的鲜花。 3. 专注：我们致力于自己的工作，因为其他人的欢乐取决于我们的工作。	1. 微笑：我们抱持乐观、积极的态度，因为鲜花是给人带来欢乐的。 2. 学习：我们不断学习关于鲜花的知识，努力做出更好的插花作品。 3. 清洁：我们每天三次清扫店铺地板。

故事推介

在珍妮花店，我们相信许多人在生活中没有得到别人的认可。不被认可让人难过，让人失去希望。

收到鲜花时，人们会感觉焕然一新，因为有人记得他们。只要一束花，就能让人想起有人关心他们，给他们带来几天的好心情。

我们提供休斯敦地区最好的鲜花，因为这是一种简单有效的方式，让人们对他们所爱的人表示认可，每个人都值得拥有。

主题

收到鲜花，得到认可时，人们会感觉焕然一新。

图 2.6

几个世纪以来，剧作家、小说家以及现在的电影编剧都要为他们的故事定义一个主题。讲故事的人定义他们的主题，主要是为了避免在创作过程中跑题。

如果一段对话或一场戏不能支持主题，他们就会把它从故事中删掉。

例如，《辛德勒的名单》（*Schindler's List*）的主题是：

每个人的生命都是无价的，都应该被拯救。编剧写剧本时，必须用这个中心思想来过滤每一场戏。

当作家定义了主题时，他们的故事就会变得更清晰、更有意义。

如果我们希望我们的使命是清晰的和有意义的，它就必须要有一个主题。

对于企业（与讲故事的人一样，企业也要邀请观众进入它的故事）来说，主题可以是任何事，比如"没有人应该为新屋顶支付过高的费用"，或者"每个家庭都应该享受一次难忘的假期"。

定义了你的主题，你和其他人就会知道为什么你的使命很重要。

《商业至简》的使命是用触手可及的商业课程颠覆现行的教育模式，让每个人都能在工作中获得成功。那么，我们的主题是什么？是"每个人都值得拥有改变人生的商业教育"。

有一项技巧可以帮助你定义主题：在你的使命宣言结尾加上"因为"，然后把这个句子写完。我们创建了一套通俗易懂的商业课程，因为每个人都值得拥有改变人生的商业教育。

如果你问自己，为什么要早早起床去工作，主题应该给你答案。就我个人而言，我起床去工作是因为每个人都值得拥有改变人生的商业教育。

再强调一次，了解你的主题非常重要，因为它是回答"为什么"这个问题的关键。投资人为什么要投资？一个新人为什么要来为你工作？消费者为什么要向他们的朋友介绍你的产品？定义你的主题，每个问题都会有明确的答案。

定义了你的主题之后，就把它写在大楼休息室的墙壁上、贴在你的网站上，做成招聘摊位的横幅，并且确保组织里的每个人都能记住它。你的主题就是你的目标，人们需要有目标才能充满热情地投入工作。

为什么你的使命很重要？为什么你的使命值得为之投资或牺牲？为什么其他人应该为你的使命贡献力量？为什么你的顾客应该选择你而不是其他品牌？

定义你的主题，你就会知道为什么。

▶ 每日提示

　定义你的主题，让你、团队成员和顾客知道为什么你们的工作很重要。

价值驱动型专业人才

通过掌握每一种核心竞争力

来提升你个人的经济价值。

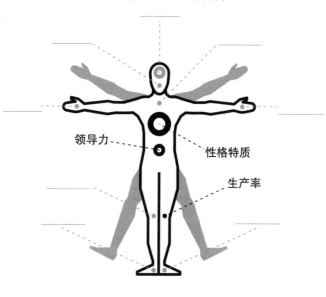

第三章

生产率至简

引言

现在，我们已经了解了价值驱动型专业人才的性格特质是怎样的，企业是如何运行的，以及如何团结和激励团队。是时候学习如何管理我们自己和我们的时间了——我们的目标是用最少的时间完成最多的工作，同时不让自己被过度的压力和焦虑压垮。

许多专业人士工作努力却事倍功半。他们每天忙得四脚朝天，却只是在原地打转。这其中有一个原因，那就是他们的生活缺乏焦点。

经过多年对故事的研究，我相信，当一个人把自己当成一个故事的主人公、一个肩负使命的英雄时，他的生命是最有意义的。作为英雄投身使命时，是没有时间手忙脚乱的。我们知道我们想要什么、我们的障碍是什么，以及我们必须做些什么来解决世界上的问题。

肩负使命的英雄是有初心和目标的。他们不会浪费时间，因为他们的时间很宝贵。肩负使命的英雄知道如何管理自己的时间，他们不会焦虑，而是专注、积极、热情地投入重要的工作。

要实现更多正确的目标，一个关键就是知道这些目标是什么，然后知道回报最高的机会是什么，并优先考虑这些机会。

价值驱动型专业人才是肩负使命的英雄，他们知道他们应该做什么，不会分心。

为此，我们创建了一份"使命英雄计划书"。你可以从HeroOnaMission.com网站免费获取这份计划书。在这份计划书的指导下，你可以每天早晨完成一套例行程序，理清思路，为一整天做计划。你再也不用在迷惘中醒来了。

在接下来的五天里，我将向你介绍计划书的各项要素。

事实上，我们的大脑不喜欢对应该如何分配时间感到困惑。然而，要想摆脱困惑，就需要纪律和专注。

如果我们不能确定优先事项、养成健康的日常习惯，电视、新闻、食物、酒精和坏朋友就更有可能占据我们的时间。很多人通过让我们分心来赚钱——他们的干扰对我们毫无益处。

要成为一个高效的人，我们需要给自己一个使命，然后明确为了完成这个使命，时间和目标的优先级是怎样的。

我们需要一套框架来管理我们的优先事项和我们的时间。

如果你想成为一名价值驱动型专业人才，你就要学会一套既能提高生产率又不会让人倍感焦虑的例行程序。这是一个成功的组合，而且学起来并不难。

　　配合本周的学习内容，我将在 HeroOnaMission. com 网站上免费提供每日计划书。你想打印多少页就打印多少页。给它们打三个孔，把它们装订起来，这样你就得到了一份终身免费的计划书。你可以在未来几十年里继续使用这份计划书。接下来，请阅读每天的章节，学习如何将填写计划书作为每天早晨的例行程序。

16　做出明智的日常决策

价值驱动型专业人才的一天从反思开始。

每天早晨，我都要问自己一个简单的问题。这个问题可以确保我不会让这一天从我手中溜走，我的目标也会取得进展。

这个问题是：如果这一天能够重来，我会做出什么改变？（参见图 3.1。）

如果这一天能够重来，我会做出什么改变？

图 3.1

资料来源：HeroOnaMission.com 网站上的"使命英雄计划书"。

乍听起来很疯狂。我们不可能把这一天重活一遍，我们的每一天都只有一次机会。

这个问题是维克多·弗兰克尔博士（Dr. Viktor Frankl）提出的，有着相当深刻的内涵。弗兰克尔博士是维也纳的一位心理医生，通过引导他的病人在生活中寻找更深层次的个人意义，他帮助了很多人。

为了帮助他的病人更明智、更审慎地生活，他要求他们把这一天当成他们的第二次生命，就好像他们已经度过了这一天，已经犯下错误，现在要从第一次的错误中吸取教训，重新来过。

换句话说，弗兰克尔道："假装这是你第二次度过这一天，不要再犯同样的错误。"

这种短暂的停顿能够帮助我们认真思考我们的生活。如果这一天能够重来，能够吸取第一次的教训，你会做出什么改变？你会更关心你的伴侣吗？你会花些时间躺在后院的吊床上看书吗？你会去锻炼吗？

弗兰克尔的问题还有另一种表达方式：在一天结束时，你后悔做了什么或者没做什么？

然后，我们要以一种不留遗憾的方式生活。

很少有人在采取行动之前反思自己的行为。我们大多数人的生活节奏太快了。我们已经习惯了被各种各样的事情打断，要求我们当即做出反应，以至于不能真正控制自己的生活。

我遇到的大多数有影响力的人都写日记，或者以某种方式花时间反思。通过反思，我们能够管理我们的行动、设计我们的生活。那些不反思的人既没有管理也没有设计——他们只是做出反应。可悲的是，他们的生活仍然是被设计的——只不过是被外部力量设计的，而这些力量并不关心他们的最大利益。大多数人的生活都是由朋友、家庭、公司广告或者别有用心的政客决定的。是时候掌控你自己的生活了。有没有一个问题，让你每天早晨停下来，反思一下？是你在设计自己的生活，还是别人在为你设计生活？

▶▶ **每日提示**

养成反思的习惯，每天早晨问自己一个问题：如果这一天能够重来，我会做出什么改变？

17　优先考虑主要任务

价值驱动型专业人才会优先考虑回报最高的机会。

你今天能做的最重要的事情是什么？

如果每天早晨你都能回答这个问题，你就是专业人士中的精英。

大多数专业人士甚至从来没有问过这个问题，因为他们认为响个不停的电话、不满意的顾客、紧急的短信或者被忽视的电子邮件就是答案。但是，真的是这样吗？

事实上，并不是每一项工作都能得到同样的回报。比如，你可以把能量都花在跑步上，但是如果你用这些能量来准备一场重要的演讲，你就会获得更高的价值。你消耗的能量可能是一样的，投资回报却截然不同。

价值驱动型专业人才知道应该把来之不易的能量投资到哪里，也知道要回避哪些工作，或者把它们委托给他人。因为知道这些事情，他们不会对工作感到焦虑。他们是优秀、冷静的时间和精力管理者。

价值驱动型专业人才知道如何利用他们的时间。专注于回报最高的机会的秘诀在于，每天创建两份任务清单（参见图 3.2 和图 3.3）。其中一份任务清单所列仅限三个事项，这三个事项是成功实现你的重要目标所需完成的最重要的任务。无论发生什么，这三件事都是你首先要做的。

另一份任务清单所列是当天要完成的零散事务。这些事务包括回复邮件、取回干洗的衣服等。

你需要两份任务清单的原因在于，有些任务非常重要，有些任务只是随机的，需要在不远的将来完成，而你的大脑不知道二者之间的区别。价值驱动型专业人才知道主要任务和次要任务之间的区别。

如果你要在即将到来的员工活动中演讲，取回干洗的衣服不应该和准备演讲稿同样重要。

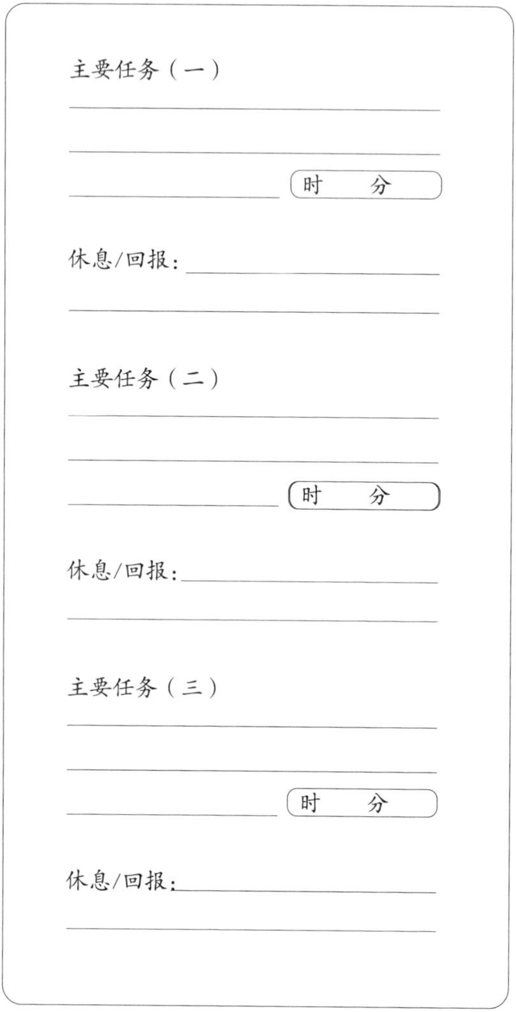

主要任务（一）

_____

_____

_____ [时   分]

休息/回报：_____

_____

主要任务（二）

_____

_____

_____ [时   分]

休息/回报：_____

_____

主要任务（三）

_____

_____

_____ [时   分]

休息/回报：_____

_____

图 3.2

例如，我的优先任务通常是某种形式的创作。我每天都在写书、上课或者做演讲，只有在我完成写作之后，我才会

```
┌─────────────────────────────────────────────────┐
│  次要任务                                          │
│                                                   │
│  □ _____    □ _____         │
│  □ _____    □ _____         │
│  □ _____    □ _____         │
│  □ _____    □ _____         │
│  □ _____    □ _____         │
│  □ _____    □ _____         │
│                                                   │
└─────────────────────────────────────────────────┘
```

图 3.3

开始回电话、参加会议。每天早晨，我会写下我要创作的三项内容，然后写下干扰我注意力的三个次要事项，然后先从重要的三件事开始。

将我的三项优先任务区分出来，帮助我创办了一家成功的公司。如果我将所有的任务混在一起，不可能这么快就做到。

只列出三项优先任务的原因在于，超过三项任务会让人感觉不堪重负，很可能还没开始就放弃了。我的大多数优先任务都是更大的项目中的一小部分。比如，如果我在写一本书，写完整本书需要一年多的时间，那么我每天都需要写完一个片段。

当我们从事无法在短时间内完成的大项目时，特别容易受到即时反馈的诱惑。我们宁愿回复十封电子邮件，也不愿意为一本书写十个段落，因为每封电子邮件都让我们觉得自己完成了一件事，而十个段落就像是往桶里加了一滴水。

但是，别被这种假象欺骗了。只有一小步一小步地朝着大目标前进，才能最终完成重要的项目。

要当心，很多任务看起来很重要，其实不然。你可能听说某件事很紧急，但事实上，完成它是别人的任务。可能有人叫你去开会，但实际上，开会跟你的优先任务没有关系。

我喜欢将这些诱惑称为"紧急干扰"，因为它们让人感觉很紧急，但实际上只是干扰。

每一天，我们都必须知道我们的三个回报最高的机会是什么，否则低回报的机会就会让我们感觉更重要。

那么，如何知道回报最高的机会是什么呢？为了识别回报最高的机会，需要对我们的总体目标实施逆向工程。任何能使我们更接近目标的机会都是高回报的机会，不能使我们更接近目标的机会则不是。价值驱动型专业人才知道其中的差别。

要成为一名优秀的经济投资者，你需要做的最重要的事情是什么？你能做什么来为公司争取最大的经济回报？将这些列为你的优先任务，日复一日，你就会越来越接近你的目标，而不会落入"紧急干扰"的陷阱。

▶◉ 每日提示

> 每天创建两份任务清单。第一份清单包含三个事项，是你的回报最高的机会。第二份清单所列是其他没这么重要的任务。

18 最大化你的"高效时间"

价值驱动型专业人才知道，一日之计在于晨。

每个人的大脑都是独一无二的，但是对大多数人来说，特别是对 25 岁以上的人来说，早上的工作效率是最高的。

你的大脑就像智能手机的电池。具体而言，大脑每天要消耗 6 800 卡路里的能量，来处理生存所必需的信息。当你睡觉时，大脑就在充电，为应对第二天做好准备。

每天早晨，你的精神能量要比午饭后更强，头脑也更清醒。

如果你在开始从事最紧迫的任务之前接电话或回复邮件，就是把宝贵的精神能量浪费在了低回报的机会上，很可能浪费了一天中最宝贵的时间。然后，当你终于"有时间"着手去做重要的事情时，你的大脑已经疲惫了，可能无法做到最好（参见图 3.4）。

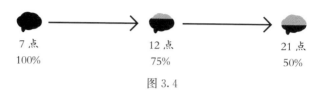

图 3.4

不仅如此，如果你把早上的时间留给重要的任务，在这一天接下来的时间里，你会知道这些重要任务已经完成了。

大多数价值驱动型专业人才会在早上完成重要的工作。

如果开会会耗尽你的能量，就把会议安排在下午。如果你最重要的任务是处理发票，那么就在查收邮件之前，用早上的两个小时处理发票。如果你的首要任务是制定商业战略，那么就用早上的一个小时来完善你的战略，然后再开始接电话。

"把重要任务优先安排在早晨"，这句话听起来没有什么了不起的，但是许多价值驱动型专业人才发现，这项战略拥有一种神秘的超能力。当他们的同事一走进办公室就立刻落入分心的陷阱时，价值驱动型专业人才已经花了几个小时来处理他们最重要的任务。这种自律能力会赢得客户和同事的信任。它意味着更多的尊重、更高的收入和更愉快的职业生涯。

▶▶ 每日提示

把回报最高的机会优先安排在早上——你的头脑最清醒的时候。

19　对分心说"不"

价值驱动型专业人才知道如何对分心说"不",把精力集中在优先事项上。

实际上,关于如何创办一家公司,我学到的最重要的一课来自我的作家生涯。我的建议是:优秀的沟通者知道应该省略什么。

这有些违背直觉,不是吗?你可能认为,优秀的沟通者应该知道要说什么。他们当然知道,但更困难的是,当他们说出正确的东西时,必须阻止自己再说别的。

如果你正在写一本关于英雄拆除炸弹的书,你就不能在其中加入一些有趣的场景,比如英雄想跑马拉松、和心上人结婚,或许还想领养一只猫。如果你把所有的东西都写进故事里,情节就会是一团乱麻。一个好故事不能涉及太多的东西,否则,观众就会感到困惑,失去兴趣。

顺便说一下,这正是大多数人对自己生活的感觉。他们觉得生活是一团乱麻。为什么？因为他们的生活缺乏焦点。他们对很多事情都说"是"，以至于搞不清自己的故事是关于什么的了。他们当中有很多人正在对生活失去兴趣，甚至对生命本身失去兴趣。但是，肩负使命的英雄是专注的。

在一个好故事中，作家会让情节围绕着一个明确的目标展开：这支球队必须赢得冠军；这个女人必须得到晋升；这个律师必须打赢官司。其他一些想法可能很诱人，但是一位好作家会说"不"。

当然，在现实生活中，这并不容易做到。作为母亲、父亲、女儿、儿子、朋友、经理、教练和领导者，我们要处理许多支线情节。我们想去跟朋友聚会，想抓住某些虽然与我们的目标不一致，但着实令人兴奋的机会。

但是，如果我们对太多事情说"是"，就是在对深层次的专注力说"不"，而要把事情做好，需要的正是这种专注力。

在我职业生涯的早期，我曾经靠公开演讲来赚钱。每次我飞到某个地方做演讲，都能得到一笔可观的报酬。很快我就意识到：我说得越多，写得就越少。而如果不能每隔几年出版一本书，那么在选择演讲者时，就不会有多少人想到我了。

为了能够留在家里写更多的书，我不得不做出一个战略性的决定：拒绝高薪演讲的机会。这是一个可怕的决定，但我还是这样做了。两年之内，我又出了一本畅销书，每次到异地演讲的报酬变成原来的四倍。结果是，我在家写作的时间更多了，登台演讲的时间更少了，收入却更高了。

事实证明，我并不孤独。斯蒂芬·金（Stephen King）几乎从不参加演讲活动。这正是他能写出这么多畅销书的主要原因。他的书已经卖出了上千万册，如果他愿意，可以用会议和演讲活动填满他的日程表，赚得盆满钵满。但是，他没有这样做。每天早晨，他都会坐在办公桌前，打开电脑，写完当天的定额。因为这种自律，因为他无数次对诱人的机会说"不"，数以百万计的读者才能读到并爱上他的作品。

很少有人意识到，斯蒂芬·金成功的关键之一是他的自律能力。为了完成优先任务，他拒绝了那些让人分心的机会。

如果我们不知道我们的优先事项是什么，就会对所有的事情都说"是"，结果让我们的故事变成一团乱麻，让我们的生活和工作失去意义。

为了对专注和有意义的生活说"是"，你要对什么说"不"？

▶ 每日提示

对分心说"不"，把精力放在你的优先事项上。

20　锁定时间，事半功倍

价值驱动型专业人才知道如何安排时间。

比尔·盖茨（Bill Gates）开会从来不迟到。在被问到原因时，他说："因为时间是唯一我无法买到的有限的资源。"

"时间就是金钱"，这句古老的谚语并不完全正确。时间比金钱更宝贵。从字面意义上说，时间就是生命。我们如何利用时间决定了我们的生活质量。

遗憾的是，大多数人都不怎么考虑如何管理自己的时间。但是，这并不意味着他们的时间没有得到管理。他们的时间当然也是被管理的，是被电视、学校的课表、强制的关系、商业和工作管理的。

我们永远不会让别人管理我们钱包里的钱，那为什么要让别人管理我们的时间呢？正如前面指出的，时间远比金钱更宝贵。

价值驱动型专业人才知道时间是他们最宝贵的商品，所以他们会管理自己的时间，让他们投入的时间带来最大的回报。而且，因为生活不完全是工作，价值驱动型专业人才知道如何锁定工作时间，在这段时间里完成最多的工作，这样他们就可以把更多宝贵的时间花在朋友、家人和兴趣爱好上。

那么，我们应该如何管理我们的时间呢？

我把时间看成公路上的一条条车道。有些车道上的车比其他车道上的车开得快。大多数情况下，如果我们一直行驶在左侧车道上，就会开得快一些。右侧车道每过一段路就有出入口，意味着必须开得慢一些（参见图 3.5）。

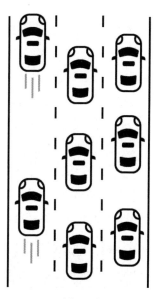

图 3.5

锁定一段时间，拒绝分心，就相当于进入快车道，踩下油门。

每天早上，在例行反思和确定优先事项之后，继续锁定一天里剩下的时间（参见图 3.6）。在一小时、两小时或三小时的时间段里，你可以完成很多事情。然而要注意，同时处理多项任务，或者让各种干扰左右你的方向，反而会降低效率。

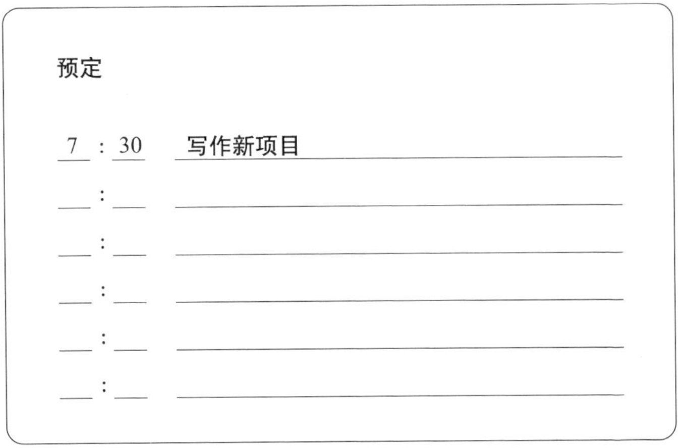

预定

7 : 30　　写作新项目

___ : ___

___ : ___

___ : ___

___ : ___

___ : ___

图 3.6

你的整个职业生涯都建立在增加活动相关产出的基础之上。与一个不会战略性地使用时间的专业人士相比，价值驱动型专业人才能够在同样的时间段里完成两倍的工作。

高效的专业人士会提前几周就锁定时间。对我来说，周一全天、周二上午和周三上午都是用来写作的；周二和周三下午早些时候用来开会；周四和周五的一半时间用来做播客和录制视频；周五下午是我的私人时间，晚上和周末留给朋友和家人。

提前锁定时间能够让我拒绝干扰，因为我已经有约了。在一天开始之前，我已经提前知道自己要到哪里去、要做什么。

要诀就是创造一种工作的节奏。一旦知道了回报最高的机会是什么，就把你一周的时间分成几块，用来完成这些任务。

你每周需要完成的重要任务是什么？设法把这些任务分配到你预先选定的时间段中。另外，要锁定私人时间，这样就不会一不小心把商务会议安排在你为朋友和家人预留的时间里。锁定时间能够确保你得到更多的时间，而把时间托付给命运就等于放弃时间。

▶▶ 每日提示

价值驱动型专业人才知道如何锁定时间，创造出一种工作的节奏。

价值驱动型专业人才

通过掌握每一种核心竞争力

来提升你个人的经济价值。

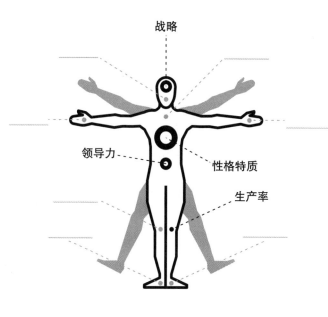

战略

领导力

性格特质

生产率

第四章 战略至简

企业是如何运行的，
以及如何避免破产

引言

现在，我们已经了解了价值驱动型专业人才的性格特质，掌握了设定愿景和提高个人生产率的重要因素。接下来，让我们尝试从一个通常只有高层管理者才能理解的商业视角看问题。

无论你是否在领导一个团队，如果表现出你能够从总体上理解企业是如何运行的，你作为专业人士的个人价值就会提高。令人惊讶的是，许多在商界摸爬滚打多年的专业人士认为他们知道企业是如何运行的，但实际上他们并不知道。他们没有把企业理解为一个为付费客户解决问题的营利性实体，而把企业当成一个社区——也就是说，客户付给他们钱，是为了让他们在自己的办公室里创建一个社区。

这种观点会杀死一家企业，而且很快。

我对优秀的工作社区举双手赞成（没有它，你的团队就会出现士气问题），但是企业必须在财务上取得成功，否则社区将不复存在。如果你不理解企业是如何运行的，你就会失去升职加薪的机会。如果你是企业的所有者或经营者，不理解企业是如何运行的，你就会一败涂地。企业的成败取决于团队成员能否做出明智、可靠的决策。

那么，企业到底是如何运行的？如果你知道这个问题的答案，你就可以创办一家企业、经营一家企业、出售一家企业，或者重构一家企业。理解企业是如何运行的，能够增加你个人在公开市场上的经济价值。

当然，每家企业都是不同的，但是它们都有一些共同的重要组成部分。了解了这些组成部分，你就能知道如何使企业保持健康和盈利。

在接下来的五天里，我将通过一套框架告诉你企业是如何运行的。为了企业的发展需要做出许多决策，设计这套框架的初衷就是识别这些决策的类型。

我将用一个比喻——把企业比作一架飞机，各个部分以正确的方式组合在一起，就能够腾空而起，飞得又快又远。

如果你在公司的一个小部门工作，想知道你在整个组织中的位置，这套框架会有帮助。当你看清了整体和部分，你就不仅能够更好地理解应该如何领导你自己和你的部门，还能帮其他人创办一家收入和利润都持续增长的企业。

21　理解企业是如何运行的

价值驱动型专业人才知道企业就像一架飞机。

你如何知道一家企业是会繁荣发展还是会分崩离析？

要回答这个问题，首先需要了解飞行动力学。

用最简单的术语来说，企业的运行方式就像商用飞机。

我将用飞机做比喻，向你展示五个不同的部分，它们必须协同合作，才能使飞机飞上天空。每个部分代表企业的一个方面。每个部分都必须保持恰当的比例，否则企业就会破产。如图 4.1 所示。

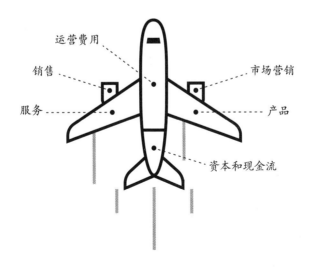

图 4.1

机身：运营费用

当然，飞机的机身是你安置人员和货物的地方。这是飞机上最大的部分，也是飞机的全部意义所在。飞机之所以存在，就是为了把乘客和货物送到他们要去的地方。这也是企业存在的原因。企业之所以存在，是为了帮助客户解决问题。通过解决这些问题，企业得到金钱，团队成员得到工作和医疗保险，等等。

飞机的机身代表你的运营费用。运营费用包括工资、医疗福利、租金、办公用品，等等。这些都是必要的开支，因为你需要人员和物资来为客户解决问题，以换取收入。

机翼：产品和服务

机翼为飞机提供升力。当发动机推动飞机前进时，气压将机翼抬离地面，机身也随之起飞。

为企业提供升力的是你的产品和服务。飞机的机翼代表你销售的产品和服务。把你销售的产品和服务想象成给飞机提供升力的组件。没有有利可图的产品和服务出售，就没有空气（收入）将飞机抬离地面。

右侧发动机：市场营销

发动机推动飞机前进。在单引擎飞机上，你可能只有营销预算。但是，在双引擎飞机上，你有营销预算和销售团队。无论如何，如果没有某种发动机来销售产品和服务，机翼就不能产生升力，飞机也就不能升空或前进。需要有某种营销体系或销售团队来销售产品和服务，推动企业前进。

你应该把市场营销放在第一位，放在销售之前。原因在于，营销通常更便宜，而且在营销活动存在之前，销售团队无法从市场上得到明确的信息，来支持他们的努力。

左侧发动机：销售

诚然，双引擎飞机也可以只用一个发动机飞行。但是，当你启动第二个发动机，飞机就能够获得更大的推力和升力，它能够飞得更快、更远，机身可以更大，可以雇用更多的人，为客户解决更多的问题。

你的第二个发动机就是销售。销售团队带来更多的金钱，让企业继续发展，扩大规模。

燃料：资本和现金流

最后，飞机还需要燃料。不管飞机多么高效、多么轻盈，没有燃料就会坠毁。燃料代表现金流。当企业的现金耗尽时，它可能还会滑翔一小会儿，但是最终会坠毁，企业中的每个人都会失去生计。

如果你正在创办一家企业，你可能会使用贷款或者与投资人合作的方式获得资金，但任何企业的目标最终都是以正现金流运营。到目前为止，拥有足够的现金来运营你的企业都是取得成功的最重要因素。

如何保持飞行？

如果飞机的各个部分不成比例，飞机就会坠毁。

左右发动机必须产生足够的推力以推动飞机前进，机翼必须足够大以产生升力。飞机的机身必须足够轻，可以被发动机和机翼抬起。当然，飞机还必须有足够的燃料，以保持在空中飞行。

所有这些原则也适用于企业。你必须有顾客想要的有利可图的产品和服务，必须做出足够的营销和销售努力来销售它们。此外，你的运营费用必须足够低，不会让飞机不堪重负。你还必须有足够的现金来付账单。

那么，如何才能做出明智的商业决策？永远记住飞机的比喻。

每当企业领导者想要增加运营费用，又不能将增加的费用与更多、更好的产品或更强力、更高效的销售联系起来时，他们的要求就是在不提高升力的情况下让飞机变得更重。这是一个冒险的决定。飞机的各个部分必须保持恰当的比例，永远如此。

如果你想让员工搬进黄金地段全新的现代化办公大楼，

却没有一条能够满足客户需求的成功的产品线，那么这就是一个糟糕的决定。为什么？因为你在让机身变得更重，却没有让机翼变得更大或者让发动机变得更强。

如果你继续做出这样的决策，企业就会破产。

基于飞机这个简单的比喻，明智的企业领导者在经营一家公司或者管理公司的一个部门时，会特别关注以下几点：

● **他们不愿意增加运营费用（尤其是经常性支出）**。成本会让机身过于沉重，危及全体员工的职业安全。

● **他们会每天或每周听取汇报，了解营销和销售情况是否正常**。要确保左侧发动机和右侧发动机产生的销售能力能够抵销运营成本。

● **他们需要确保产品的利润率足够高，足以覆盖销售所需的运营费用**。每种产品都要能够覆盖自身成本和运营费用，利润率要足够高，能够为整个团队的职业安全提供保障。

● **他们会不断提高生产、销售和市场营销的效率**。优秀的企业领导者都痴迷于效率。就像优秀的飞机工程师一样，企业领导者总是试图创造一台更简捷、更快速、更高效的机器。换句话说，他们要确保活动产出比足够高，这样资本才会走得更远。

当然，随着企业的发展，需要关注的东西会越来越复杂，但是这五个主要部分永远不会改变。当你理解了企业如何运行时，你就能快速分析出哪些部分运转正常、哪些部分不正常，从而监控企业的健康状况。你就能做出最好的决策，让你的企业或你工作的部门变得更强大、更高效。

在接下来的五天里，我们将逐一考察飞机的各个部分，学习如何更好地经营一家企业。

▶ 每日提示

　　了解健康企业的五个组成部分，你就永远不会坠机。

22　降低运营费用

机身：尽可能保持机身轻盈。如图4.2所示。

运营费用

图 4.2

当一家企业失败时，只有一个原因：运营费用过高，以至于销售额无法覆盖运营费用。换句话说，飞机的发动机太弱，机翼太小，不能够为过大的机身提供升力。

降低运营费用的原则似乎是不言自明的。但遗憾的是，这条最重要的基本原则在企业的日常运营中经常被遗忘。

在整个财年中，领导者可能批准了一次昂贵的调研旅行或一个奖金方案，或者把赌注押在一种失败的产品上——突然之间，现金流就会降到零。

现金流似乎总是突然间降到零。没有人能够预见到这种情况。

这种失败是可以理解的。我们忙着生产产品，或者想象我们的营销战略有多了不起，结果在不经意间，运营费用就开始膨胀。

什么是运营费用？

关于运营费用有很多定义，多年来我一直使用这个简单的定义：运营费用是与产品生产、市场营销或销售无关的企业经营成本。

换句话说，运营费用是任何不积极为企业前进创造推力，或者为机翼制造升力的东西。

运营费用是租金、医疗保险、办公室冰箱里的苏打水和冰箱上方闪烁的灯泡。运营费用是那些不参与产品生产、市场营销或销售的岗位的人员工资。

行政团队成员经常感到委屈，因为比起那些生产、营销或销售产品的团队成员，他们的工资通常更低。这就是原因。

除非是直接花在能赚更多的钱的事情上，否则这种支出就应该受到质疑。这是控制运营费用的关键。

这并不意味着，我们在市场营销、销售和产品生产上就可以随心所欲地花钱了。事实上，我们在任何地方都要保持简洁、轻盈和高效。只是，与只能增加飞机重量的支出相比，能够直接带来更大升力的支出应该更快地得到批准。

不用说，如果你的运营费用（飞机机身）变得又大又重，而你提供的产品和服务又很有限（机翼太小），你的销售和营销不够强大（引擎太弱），飞机就会坠毁。

想让我们的企业获得成功，就必须理解这个原则。

确保你的产品不会失败或企业不会破产的方法之一就是：严格监控运营费用的增长。

例如，决定是否要推出一款产品时，价值驱动型企业领导者总是想知道这对运营费用的影响。为什么？因为即使推出了产品和服务（让机翼变得更大），运营费用也几乎肯定会增长（机身变得更大），他们需要计算更大的机翼能否为更重的机身提供足够的升力。

驾驶员在飞机起飞之前，要仔细计算，以确保飞机不会过重。事实上，如果飞机很小，为了保证飞行安全，有时候要卸下一些行李，甚至乘客也可能被请下飞机。

明智的领导者会确保飞机的机翼要大、发动机要强、机身要轻，因为他们知道，如果不这样做，公司就会破产。

再强调一次，重点在于：降低运营费用总是要优先考虑的。否则，企业就会因为过重而坠机。

为了保持简洁、轻盈和安全，明智的企业战略家会问自己以下问题：

1. 生产、发布和销售产品会占用谁的时间？ 时间是昂贵的。如果我们不能计算出推出一种产品要占用员工多少时间，企业就会面临安全风险。

2. 为了运营这个项目，需要雇用什么样的新人？ 企业需要付出多少薪酬？薪酬通常是我们最大的支出。我们需要事先知道，为了推出这种产品，这笔支出会增加多少。不仅如此，我们还需要知道这些薪酬在生产、销售、市场营销和行政管理之间是如何分配的。记住，产品生产、销售和营销能够增加升力，而大部分行政管理支出只是必要的运营费用。

3. 如果我们推出这种产品，运营费用会增加多少？ 我们是否需要更大的办公室、更高额的医疗保险、更大的人力资源部门、更多的学习培训，等等？换句话说，如果我们让飞机的机翼变得更大，那么机身需要变大多少，来为这样的机翼提供支持？

4. 我们能够削减不必要的成本，以确保整架飞机不会变得太重吗？ 如果我们想要飞机安全可靠，就必须提升发动机的效率和推力，增大机翼的尺寸和强度，减轻机身的重量。换句话说，我们必须处处提高效率。永远如此。

▶ 每日提示

为了企业的安全和发展，将支出分成四个大类：产品生产、销售、市场营销和运营费用。

23 生产和销售正确的产品

机翼：我们正在销售的产品有需求吗？有利润吗？如图 4.3 所示。

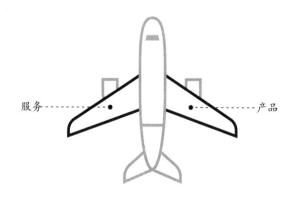

服务-------- •   • --------产品

图 4.3

关于应该生产什么产品、应该把宝贵的销售资源分配给什么产品，我们很容易感到困惑。

通常情况下，这些决定都是情绪化的。我们喜欢的团队想生产 X 产品，而且说实话，我们欠他们人情。或者，在上次的领导层会议上，我们着重强调了生产 Y 产品的重要性，即使销量不佳，我们也必须用更多的资源来跟进这个决定，否则就会显得我们做出了一个糟糕的决定。或者更糟的是，如果我们稍微关注一下 Z 产品，就有机会迅速获得收入，但是天知道，我们需要付账单。

这些都不是生产一种产品，或者将宝贵的销售和营销资源分配给这种产品的正当理由。

你生产的产品是飞机的机翼。当我们出售这些产品时，飞机才能获得升力，腾空而起。

在选择关注的产品时，要选择具有两个关键特征的产品：

1. 轻盈。

2. 强大。

这是什么意思？

1. 轻盈。它们要么利润丰厚，要么可以薄利多销。

2. 强大。市场对这种产品有强烈的需求。

换句话说，无论我们对一种产品的感觉如何，我们都只会投资那些有利可图和有需求的产品。就是这样。如果不这样做，我们就是在把弱小的机翼绑在飞机上，会导致坠机。

在决定是否要生产和销售一种产品，甚至是否要收购生产这种产品的公司时，利润和需求是最重要的考量因素。如果一种产品没有需求或没有利润，飞机的机翼就会很脆弱，它们将无法支撑机身，飞机就会坠毁。

这些标准对于精简你的产品线也很重要。几年前，公司可能因为需要现金，决定以 500 美元的价格出售 X 商品。现金流一度有所改善，但是突然间你又回到了起点。为什么？因为这种产品的生产成本是 425 美元，而 75 美元的利润不足以覆盖运营费用。

这种产品不够轻盈。它的利润率不够高。

另一种产品被生产出来，可能是因为有一家客户说你应该把它推向市场。他们说他们一定会买。于是，你投入了大量资本把它推向市场，却发现世界上只有一个人想要它——实际上没有其他需求。

这是一个糟糕的决定，不是因为这种产品没有利润，而是因为需求不大。

或许，是时候基于这些标准给你的公司做一番清理了。你目前销售的产品中有没有无利可图的？你库存的产品中是否有明显不再有需求的？

你可以清理那些没有利润或没有需求的产品，用既有利润也有需求的产品来替换它们，迅速加强飞机的机翼。

当然，某些产品是亏本销售的——这意味着你以成本价或低于成本价的价格大量销售它们，为的是以后追加销售其他产品。如果是这样，那么这种产品也可以过关。但是，要小心。更好的战略是生产那些既能带来追加销售，本身也有需求和利润的产品。

分析你正在销售的产品。它们既强大又轻盈吗？有需求吗？有利润吗？

如果答案是否定的，就要精简你的产品线，不要把宝贵的运营费用和能量浪费在不能支持飞机升空的产品上。

为了安全和适航，机翼应该坚固而轻盈。在企业中，产品应该有需求和利润。

▶▶ 每日提示

　　为了提高企业的收入和利润，分析你正在销售的产品是否有需求和有利可图。

24　优先开展市场营销

右侧发动机/市场营销：测试你准备如何开展市场营销。如图 4.4 所示。

《梦幻之地》（*Field of Dreams*）是我最喜欢的电影之

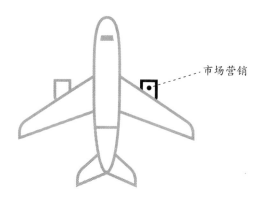

市场营销

图 4.4

一。在这部电影中，凯文·科斯特纳（Kevin Costner）扮演一位农场主，一个神秘的声音告诉他，要他把自己的玉米地改建成棒球场。那个声音一遍又一遍喃喃地说："只要你建好了球场，他们就会来的。"在电影里，他建好了棒球场，人们也真的来了。

据我所知，这部虚构的电影是唯一的例子——仅仅因为你建好了什么东西就能引起关注。很遗憾，在现实生活中，几乎所有东西建好以后都需要市场营销活动的支持。

这才是规则：如果你不能吸引人们来欣赏你的作品，他们就不会来。

如果你认为你能够生意兴隆，仅仅是因为你有一款成功的产品，那就大错特错了。市场上有太多成功的产品。生意兴隆的公司掌握了向顾客推介产品的艺术。

在本书后面的章节中，我将用整整一周的时间讨论如何开展一次成功的营销活动。不过现在，让我先教给你一个简单的技巧。用这个技巧，你可以测试营销活动对一种产品是否有效。具体做法是这样的：

在推出一款产品之前，我会让市场营销部门为它创建一个登录页面（营销页面），让我可以自己了解这种产品。

我确实创建了一个网页，就好像这款产品真的存在一样。然后，调查潜在客户的兴趣。网页上没有"立即购买"的按钮，而是有一个"等待开售"的按钮，看看有多少人会点击这个按钮。

我说的不是一个只有框线的假页面，而是一个互联网上真实的隐藏页面——和如果我们已经推出了这种产品就要创建的页面一模一样。

在推出产品之前制作营销宣传资料有两个目的：

1. 帮助你明确营销语言。 为产品创建营销页面，能够帮助你找到引起客户兴趣的语言。创建页面，与员工讨论，并与一组选定的潜在客户分享页面，以获得反馈。

2. 确认客户兴趣。 明确了营销语言之后，你就可以公开发布页面，或者将其发布给一组选定的客户，进行预售。收集预售订单是一种很好的方式，可以制造兴奋点，并且从一开始就知道人们是否对产品感兴趣。

当然，这个登录页面只是一个粗略的草稿，但是应该像你真的要向市场发布产品一样创建它。应该考虑到所有的细节。

测试你的营销语言，就像在将发动机连接到机身上之前进行测试一样。大多数企业会等到最后一刻才准备营销方案，因为它们的精力都放在生产产品上了。但是，如果没有正确的营销语言和计划，产品生产出来以后就无法吸引客户。所以，为什么不先测试发动机呢？

通过提前创建测试营销页面，在谈论你的产品以及它能否成功打入市场时，你会更有信心。你还可以让营销团队（或计划）在产品发布之前提前做好准备，不会等到最后一分钟，才敢肯定关键的发动机能够为飞机提供推力。

当然，在把产品预售给客户之前，你需要确保它能够生产出来。有时候，订单数量太少，你必须退款，取消产品发布，否则就有坠机的危险。

在本书后面的章节中，我会用整整一周来讨论如何制定有效的营销计划。现在，先在发布产品之前考虑测试，以免犯下危险的错误。

▶▶ 每日提示

在推出产品之前创建一个营销页面，测试营销语言，衡量人们对该产品的兴趣。

25 建立一套销售体系

左侧发动机/销售：为客户创建一条循序渐进的购买路径，并监控每一个潜在客户的进展情况。如图4.5所示。

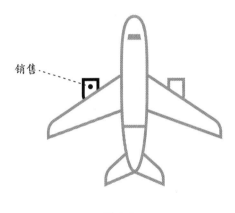

销售

图4.5

为了让企业的销售发动机产生推力，我们需要一套销售框架和体系。

雇用销售人员，让他们自由发挥是不够的。销售人员要想有卓越的表现，需要个人的责任感，也需要一条引导客户的路径。

在本书后面的章节中，我们会用一整周的时间来学习"销售至简"框架。不过现在，问自己一个问题：如果有一条循序渐进的路径能够用来引导客户，并告诉你客户现在处于购买过程中的哪个阶段，你自己、你的销售人员或你的整个销售团队的业绩能够提升多少？

当然，最终目标是提高成交量。你应该制定每周和每月的销售目标，激励销售人员引导更多的客户通过购买路径购买产品。

你的销售部门应该这样运行：

循序渐进的路径

每个销售团队都需要采取一系列步骤，来引导有资质的潜在客户达成交易。这些步骤可以简化为：

1. 判断潜在客户的资质。

2. 给潜在客户发送信息，安排电话沟通。

3. 安排会面。

4. 发送报价单，强调之前的谈话中敲定的要点。

5. 进入成交程序。

有许多方法来构建这条路径。只要有了路径，你就能够设定目标，监控每一个潜在客户的进展情况。在本书后面的章节中，我将具体介绍"销售至简"框架，这套框架将提供一条简单的循序渐进的路径。重点在于，要有一条你想引导客户通过的预先设定的路径，并在路径上的每个阶段计算出潜在客户的数量。

你可以使用多种软件工具来监控潜在客户处于你们关系中的哪个阶段。

关键在于：当你创建了一条与潜在客户互动的循序渐进的路径时，你就更能了解客户的需求，与他们建立更有意义的关系，帮助更多的客户解决问题，完成更多的销售。

你有一条引导客户完成销售的循序渐进的路径吗？你知道每个客户处于哪个阶段，以便用对他最有帮助的方式与他互动吗？如果答案是否定的，你需要做的就是创建这个销售体系，为更多的客户服务，同时提高总收入。

▶▶ 每日提示

　　通过创建一条循序渐进的路径引导客户来增加销售，然后监控每个潜在客户的进展情况。

26　保护现金流

燃料：密切关注现金流，因为如果现金耗尽，企业就会破产。如图 4.6 所示。

你可以拥有一架完美的飞机——有着巨大而坚固的机翼、轻巧的机身和两台强大的发动机，但是如果燃料耗尽，

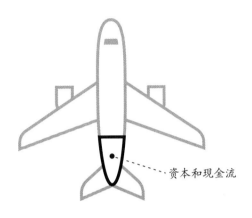

资本和现金流

图 4.6

仍然会遭遇可怕的坠机。

在企业中，银行里的可用资金就是燃料。如果没有强大的现金流，飞机无论如何都会坠毁。

重要的是，制定每一项决策时都要问自己，这项决策将如何影响现金流。如果一种新产品需要大量的研发，然后是耗资巨大的生产过程和漫长的销售周期，那么我们基本上就是决定要逆风飞行，燃料很快就会耗尽。这项决策需要非常谨慎。

令人惊讶的是，许多企业领导者在判断是否有足够的资金来推动他们想要开展的项目时，都是凭直觉做出决定的。但是，一名好的飞行员永远不会凭直觉判断燃料是否足够。

事实上，任何上过几堂飞行课的人都知道，在起飞之前，你甚至不能相信你的油表。你必须实打实地爬上机翼，亲手用仪器测量，确保油箱里有燃料。

在做出重要的商业决策之前，问自己以下七个财务方面的问题：

1. 在推出这种产品之前，我们需要多少现金来生产它？

2. 这种产品的利润率是多少？它能回笼现金吗？

3. 我们什么时候能够开始从这种产品上赚钱？

4. 推出这种产品对我们的其他收入来源有何影响？它会减少其他方面的现金收入吗？

5. 这种产品上的亏损能够在其他地方产生销售和利润吗？如果能，有多少？

6. 我们如何使这种产品更加有利可图？

7. 这种产品的哪个版本能够大卖？

从这些问题出发，思考你的每一项收入来源。一定要用实际数字来回答这些问题。在得到实际数字之前，你只能希望你有足够的燃料。实际数字会告诉你能否完成这段旅程。数字不会说谎。

如果你在谈话中暴露出你明显不理解现金流，你的老板会立刻警觉起来。决策应该完全基于产品直接或间接影响公司现金流的能力。

我把这种思路称为"燃料过滤器"，因为每项决策都要用"这将如何影响现金流"这个问题来过滤。

你的每个决定都经过"燃料过滤器"了吗？这个决定将如何影响公司维持健康现金流的能力？

▶ 每日提示

制定每项决策时都要问自己，这将如何影响现金流。

价值驱动型专业人才

通过掌握每一种核心竞争力

来提升你个人的经济价值。

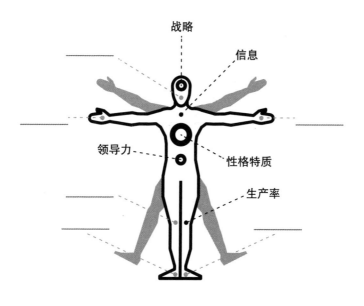

第五章　信息至简

如何阐明营销信息

（以及为什么）

引言

现在，我们已经培养了合格的专业人士的特质，学会了设定愿景，提高了个人生产率，理解了企业是如何运行的，是时候学习如何阐明信息了。

除非我们能够在营销信息中向顾客解释产品的重要性并吸引购买者，否则我们进行的所有项目都不会有任何进展。

顾客不仅会被好产品吸引，他们还会被清晰地描述这种产品的信息所吸引。在本书接下来的两章中，我将告诉你如何阐明营销信息，然后用你在这个过程中创作的口号创建一个销售漏斗。

任何知道如何阐明营销信息的人，其市场价值都要高出一大截。为什么？因为清晰的信息能够卖出产品。

作为专业人士，最难的就是吸引人们的注意力。不过，在接下来的五天里，我将告诉你应该怎样做。我将教你如何用清晰明了、令人信服的信息来吸引顾客。

如果你能清楚地解释，为什么人们购买了你的产品就能过上更好的生活，你就能卖出更多的产品。

在接下来的五天里，我将教你如何创作战略性的口号，让顾客想要购买你的产品。

　　创作出这些口号之后，你就可以重复它们，就好像让全世界变成你的复读机。训练有素的营销人员就是这样做的，他们让世界变成复读机。业余人士想到什么就说什么，但是价值驱动型专业人才通过重复既定的口号来引导人们的思想，邀请顾客购买能够改善他们生活的产品。

　　创作出你的口号之后，可以把它们写在如图 5.1 所示的框架中。

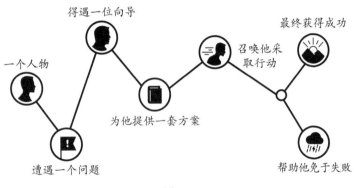

得遇一位向导

最终获得成功

一个人物

召唤他采取行动

为他提供一套方案

遭遇一个问题

帮助他免于失败

图 5.1

　　在完成接下来五天的学习之后，这个框架会更有意义。可以用我在 MyStoryBrand.com 网站上提供的工具来创建你自己的信息网格。这个工具也是免费的。

　　当你理解了如何阐明信息时，就可以用这个信息来制作营销宣传材料、做出更好的演示、设计精彩的电梯演讲，或者讲述为什么你的工作对世界很重要的故事。简言之，有了清晰的信息，就可以通过你的企业对世界产生积极的影响。

　　你能清楚地说明你的产品会如何改变人们的生活吗？你有没有能让人们想要了解更多甚至当即决定购买的口号？当你试图搭建一个网站或者撰写一篇演讲稿时，会卡壳吗？

　　在接下来的五天里，我将向你介绍"故事品牌"信息框架，帮助你阐明信息，让人们真正听你讲话。

27　用故事吸引客户

利用故事的力量阐明你的信息。

一般人每天有 30% 的时间都在做白日梦。事实上，因为要和其他人聊天、听演讲、刷手机甚至吃饭，我们一天中的大多数时间已经被占用了。

做白日梦和时间被占用不是坏事。事实上，做白日梦是一种生存机制。当我们做白日梦时，我们是在保存精神能量，以备日后生存所需。从字面意义上讲，如果某件事情没有意思，你的大脑就会让你进入白日梦模式，这样就不会消耗能量——你以后遇到威胁时可能会需要这些宝贵的能量。

遗憾的是，这意味着大多数时候，当我们试图向某人解释一些重要的事情时，他正在抵制白日梦的诱惑。

除非……

唯一已知的能够阻止人们做白日梦的工具就是故事。当我们开始听故事时，我们会停止发呆，集中注意力。

故事就是这么强大。

然而，大多数人不知道如何讲故事，当然也不知道如何通过古老的故事元素来过滤信息，吸引人们的注意力。

对你来说，从今天开始，一切都会改变。我将提供给你一个讲故事的模板，然后用接下来一周的时间来分解这个模板，让你创造出优秀的营销信息、做出精彩的演讲、吸引人们的注意力。

我们开始吧。

一个想要某种东西的人物：一个好故事从人物开始。一个人物出现在屏幕上，我们必须在几分钟之内知道他想要什么。无论人物想要什么，都必须得到清晰的定义：他想娶这个女人；她想拆除炸弹。无论是什么，一定要具体，否则我们就会失去观众。

人物遇到问题：接下来，我们不能让人物得到他们想要的东西，否则故事就没意思了。我们必须定义人物面临的问题。问题是关键。如果我们不能定义问题，人们就会失去兴趣。

人物遇到向导：接下来，我们的主人公遇到另一个人物，这个人物是向导，他遇到过与英雄同样的问题，并克服了困难。接下来，向导要帮助英雄克服困难，赢得胜利。

向导给主人公提供一套方案：然后，向导给主人公提供了一套可以解决问题的方案。通常情况下，这套方案包括一系列步骤，定义了人物赢得胜利的旅程。

向导召唤主人公采取行动：制定好方案之后，向导召唤主人公采取行动。他们必须采取行动解决问题，战胜困难。

如果没有向导的敦促，主人公是不会采取行动的。

定义成功的收益：主人公采取行动之后必须有收益，否则故事就会变得无聊。如果主人公赢得了胜利，生活将会是什么样的？他会娶这个女孩吗？她能拯救村庄吗？讲故事的人必须描绘出一幅景象：如果一切走上正轨，生活将会是什么样的。

定义失败的损害：让观众知道如果主人公没有赢得胜利，他的生活将会是什么样的。主人公会孤独终老吗？村子里会有人失去生命吗？如果没有坏事发生在主人公身上，故事就会枯燥乏味。必须有潜在的得失，故事才能吸引观众。

无论你是在做演讲（我将在本书后面的章节中分享更多关于演讲的技巧）、搭建网站，还是在做电梯演说，都可以使用这个简单的故事模板来吸引观众。

例如，这里有一个面包师销售结婚蛋糕的故事模板：

一个想要某种东西的人物：每个新娘都想要一个有纪念意义的漂亮的结婚蛋糕。

人物遇到问题：问题是，大多数结婚蛋糕都很难吃，给客人留下糟糕的印象。

人物遇到向导：在第八街的面包店，我们厌倦了难吃的结婚蛋糕，并开发了一套工艺，让华丽的结婚蛋糕也可以很美味。

向导给主人公一套方案：与我们合作，只需预约，到店品尝，并预定配送时间。

向导召唤主人公采取行动：今天就预约。

定义成功的收益：如果你订购了我们的蛋糕，漂亮的蛋糕会让你的客人惊叹，并且回味无穷。

定义失败的损害：不要让难吃的蛋糕影响心情。今天就预约吧。

这就是推销文案。这套语言可以用在演讲、营销网站、电子邮件和视频中。

当你知道了如何讲故事时，你就能够阐明任何信息，让人们听你讲话。

在接下来的四天里，我们将逐一分析故事的这些元素，帮助你将信息表达得越来越清晰。无论你在从事什么项目，以一种吸引人的方式谈论它，都将帮你吸引到需要的资源，使项目获得成功。

▶▶ **每日提示**

　　了解如何用故事元素过滤你的营销信息，以吸引观众。

28　将客户定位为主人公

在阐明营销信息时，千万不要把你自己定位为主人公。始终要把自己定位为向导。

在故事中，主人公并不是最强大的角色。事实上，主人公往往不愿意采取行动，充满自我怀疑，担心故事会有不好的结局，迫切需要帮助。

在故事中，主人公是由脆弱变强大的角色。

不过，大多数故事中还有另外一个已经很强大的角色。向导在故事中存在的意义就在于帮助主人公赢得胜利。因此，当我们阐明信息时，应该把自己定位为向导，而不是主人公。

在生活中扮演主人公当然很好。事实上，我们都是主人公，都在努力地完成某项使命。但是在企业中，我们要转换角色，扮演向导。向导存在的意义是为了帮助主人公赢得胜利，这也是企业存在的意义。它们的存在是为了解决客户的问题，帮助他们赢得胜利，让他们变成更好（或者准备更充分）的自己。

一般人每天都要扮演多种角色。早晨，他们一边回顾自己的人生计划，一边制定当天的计划——扮演的是主人公的角色。然后，他们帮孩子准备好去上学，帮助他们成为最好的自己——扮演的是向导的角色。

然后，在办公室，他们处理日常事务，继续扮演主人公/英雄。但是，一旦他们拿起电话，与客户交谈，他们就要切换到向导的角色。

要想在生活中有所成就，你需要扮演主人公。但是，在与客户打交道时，永远都要扮演向导，而不是主人公。为什么？因为客户在寻找能够帮助他们赢得胜利的向导。他们不是在寻找另一个主人公。

实际上，电影中我们最喜欢的一些角色都是向导。在《星球大战》中，尤达（Yoda）大师和欧比旺（Obi-Wan）帮助卢克（Luke）和他的朋友们对抗邪恶帝国。在《饥饿游戏》（*The Hunger Games*）中，海米奇（Haymitch）帮助凯特尼斯（Katniss）活下来并赢得胜利。

向导是故事中最强大的角色，因为他们已经克服了与主人公当前面临的同样的困难。这意味着他们经验丰富、装备精良，知道如何赢得胜利。

在生活中，需要帮助的人（有时候我们所有人都是）不会四处寻找其他主人公，而是会四处寻找向导。所以，如果一个品牌、产品或领导者将自己定位为主人公，而不是向导，顾客通常会忽略它，去寻找下一个品牌、产品或领导者。

将自己定位为主人公和定位为向导有什么区别？主人公讲述自己的故事。而向导了解主人公的故事，奉献自己来帮助他们赢得胜利。

向导是强大的、自信的，知道如何打败坏人。向导在旅途中为主人公出谋划策。

将你的品牌、项目或你自己定位为向导，人们就会追随你的领导。

如何将自己定位为向导？一个合格的向导有两个特点：

1. 同情心。向导理解主人公的挑战，知道他们的痛苦。他们关心主人公。

2. 权威。向导有能力帮助主人公解决他们的问题。向导知道他们在做什么。

作为专业人士，在沟通中说"我知道你的困难是什么，而且我能帮你解决它"，是一套漂亮的组合拳。

当你制作营销材料、准备演讲或电梯演说，或是在会议中发言时，用这样的方式阐明信息：扮演向导的角色，倾听观众的问题，并帮助他们解决这些问题。

▶ 每日提示

　　在阐明营销信息时，将你自己、你的产品或品牌定位为向导，而不是主人公。

29 谈论客户的问题

在阐明营销信息时，要知道问题是吸引人的关键。

在故事中，直到主人公遇到问题，故事才真正开始。你可以告诉我们人物的名字、他们住在哪里、他们跟谁交往、他们想要什么，但是直到对人物提出挑战的问题出现之前，观众一直都在纳闷：故事什么时候才会开始？

那么，放在企业身上呢？

这意味着：直到你开始谈论你的产品或品牌如何为某人解决问题之前，他都不会感兴趣。

问题是吸引人的关键。直到讲故事的人讲到主人公面临的挑战，观众才会坐下来认真聆听。

想想看，直到我们发现杰森·伯恩（Jason Bourne）根本不知道自己是谁，电影才变得有趣起来。如果弗罗多·巴金斯（Frodo Baggins）把魔戒扔进他小厨房的垃圾桶就能毁掉它，就不会有故事了。整个故事都是关于主人公如何解决冲突的。为什么？因为冲突是观众关注的焦点。

这对我们的营销信息意味着什么？这意味着我们必须一直谈论客户的问题，否则他们就不会对我们的产品感兴趣。

如果你想制造关于产品的话题，一定要明确你的产品能够解决什么问题。你消除了哪些痛苦？清除了哪些障碍？打败了哪个坏人？问自己这些问题，答案将揭示你的产品为什么值得购买。

越是谈论你解决的问题，你的产品或服务就越有价值。

遗憾的是，在阐明信息时，大多数专业人士都会讲述他们的故事。他们谈论他们的祖父是如何创办公司的、他们干这一行已经多久了。但是，这些都是废话。任何专业人士谈论的第一件事，都应该是他们或他们的产品能够解决什么问题。在谈论这个问题之前，人们都在怀疑是不是应该听他们说话。

你解决了什么问题？你所在的公司部门解决了什么问题？你的产品解决了什么问题？明确这些后，人们才会开始聆听。

▶ 每日提示

在阐明营销信息时，明确你能够解决的问题。

30　发出明确的行动召唤

在阐明营销信息时，明确定义你希望观众采取什么行动。

清晰的信息能够激发行动。

清晰的信息本身不会改变世界。人们在听到清晰的信息后采取的行动才会改变世界。

我们所知道的世界不是由那些坐在那里看着自己的肚脐眼的人创造的，它是由那些受到激励、采取行动的人创造的。

第二次世界大战期间，英国首相温斯顿·丘吉尔（Winston Churchill）每周都会发表演讲，前线的英国士兵在这些演讲的鼓舞下奋勇战斗。即使目睹战友牺牲，看不到胜利的希望，但是温斯顿·丘吉尔每周传递的信息和发出的行动召唤也会激励着他们坚持下去。

在一个好故事中，向导必须充满信心地要求主人公采取行动，否则主人公就会失去信心，就会失败。

为什么？因为当向导不能充满信心地要求人们采取行动时，观众就会开始怀疑向导的能力：你有能力让主人公摆脱困境吗？

欧比旺·肯诺比不能礼貌地建议卢克把"使用原力"当成一个潜在的选择；他必须坚决地指明方向，要求卢克"使用原力"。

观众能够感觉到你是否相信自己的想法或产品。你要么有解决方案，要么没有。你要么有信心，要么没有。你要么能在旅途中为他们提供帮助，要么不能。如果你不能，你会礼貌地请求他们购买你的产品或接受你的服务，听起来就像在求他们做慈善（因为实际上你就是在求他们做慈善）。然而，如果你能帮助他们，你会要求他们购买你的产品或接受你的服务，因为你不希望他们再被自己的问题困扰。

许多专业人士不了解能力和信心的力量。如果你真的有办法解决人们的问题，有信心邀请人们采纳你的解决方案，就应该保持这种信心。

事实上，如果你充满信心地告诉人们他们需要做些什么来解决问题，他们就会照做；但是，如果你胆怯地建议人们可以做些什么，他们很可能不会听你的。

几年前，我给大约二百名企业领导者讲授"故事品牌"信息课程。课堂气氛非常热烈。坦白讲，我生来就是教书的料，我喜欢不借助教科书或 PPT，用别的办法阐明观点。我告诉观众，我有一个非常重要的观点，只有在大楼外的人行道上才能说明。

我让这群人站起来，跟着我出了门。

这大约二百名企业领导者慢慢站起来，将信将疑地走出教室，穿过门厅，来到路边的人行道上。然后，我站在一个箱子上，拿起扩音器，告诉他们我想说的非常重要的一点。

我对路边这群人说："永远记住今天。你让人们到哪里去，他们就会到哪里去。"

全班同学大笑起来，摇着头，回到楼里。

我真正想让学生们明白的是：如果你不告诉人们他们需要做什么，他们就什么也不会做。

如果你不用明确的行动召唤来结束演讲，人们就不会采取行动；如果你不在网站上给人们循序渐进的指导，他们就什么也不会做。

总结你的营销信息要点时，一定要发出强有力的行动召唤；否则，你永远无法改变世界。

▶ **每日提示**

在阐明营销信息时，发出强有力的行动召唤。

31　明确利害关系，制造紧迫感

在阐明营销信息时，一定要明确利害关系。

小时候，我妈妈经常在周五晚上带我和妹妹去一美元剧场。她会为我们每人花一美元买票，再花一美元买爆米花和可乐。要知道，我们当时很穷，去剧场可是一件大事。

但是，我发誓，我不会用富裕的童年来交换这些经历。它们就像魔法一样。

就是在一美元剧场里，我爱上了故事。当然，我们比富裕家庭晚了几个月才看到那些电影，但是有什么关系呢。那些电影太棒了！艾略特（Elliot）能把 E. T. 送回家吗？卢克能摧毁死星吗？洛奇（Rocky）能战胜阿波罗·克里德（Apollo Creed）吗？

我在童年的剧场里有过最美好的经历。这些经历后来促使我去研究故事、创作我自己的剧本，并在更久以后帮助更多的领导者阐明他们的重要信息。

那么，是什么让这些故事如此精彩？看到《龙威小子》（The Karate Kid）的结尾时，12 岁的我站在座位上，把爆米花扔到空中。能够帮助你用精彩的故事吸引顾客的原因跟这个一样：利害关系。丹尼尔（Daniel）能拖着一条伤腿打败欺负他的坏孩子，赢得空手道锦标赛吗？事实证明，他能。

你希望人们像我在看《龙威小子》时那样关心你和你的品牌吗？你想成为一名与众不同的领导者吗？你想让你的产品在市场上占有一席之地吗？你想让你的品牌从竞争激烈的细分市场中脱颖而出吗？如果答案是肯定的，你就要明确地告诉观众，如果他们选择了别人而不是你，利害关系是怎样的。

如果你不能说明利害关系，你就会比那些选择艺术而不是商业道路的德国黑白电影更快地从人们的记忆中消失。

购买你的产品有什么好处？如果我们选择其他品牌而不

是你的产品，我们会有什么损失？

没有利害关系，就没有故事。

花一点时间来回答以下问题：

1. 如果人们参与到我的故事中，他们的生活将是什么样的？

2. 如果人们不参与我的故事，他们的生活将是什么样的？

明确利害关系，你的故事就会非常非常有趣。

▶ 每日提示

在阐明营销信息时，要明确人们是否参与到你的故事中，有着怎样的利害关系。

价值驱动型专业人才

通过掌握每一种核心竞争力

来提升你个人的经济价值。

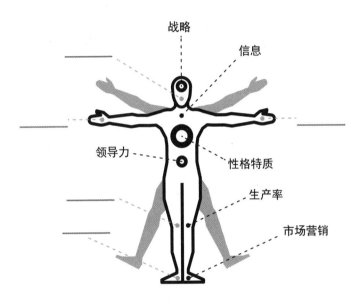

战略

信息

领导力

性格特质

生产率

市场营销

第六章　营销至简

如何创建销售漏斗，将潜在客户转化为购买者

引言

现在，你已经培养了作为一名合格的专业人士的性格特质，知道如何让团队围绕一个愿景团结起来，提高了个人生产率，了解了如何使企业避免破产，明白了如何阐明信息，是时候成为一名营销专家了。

不是每名专业人士都在营销部门工作，但是每名专业人士都需要对营销有足够的了解，这样才能把他的想法、产品和计划表达出来。

营销不仅仅是向客户传递信息，还包括向同事、股东甚至媒体传递信息。

在本书中，我们教给学生一种基本的营销方法，称为销售漏斗。销售漏斗是你能采取的最简单、最经济却最有效的营销策略。事实上，我认为销售漏斗是所有优秀营销计划的基础。

销售漏斗可以用来吸引客户，也可以用于内部沟通。它适用于 B2C 和 B2B 沟通，也适用于营利性和非营利性活动。形式并不重要。销售漏斗都是有效的。

事实上，2020 年，当新型冠状病毒导致全球经济停摆，大多数零售企业不得不关门数月时，我注意到，有销售漏斗的企业更有可能生存下来。为什么？因为销售漏斗为你做了两件事：

1. 为你赢得客户的信任和熟悉感。

2. 让你接触到客户，并调整你的信息。

建立了销售漏斗的企业之所以能够生存下来，是因为它们收集了客户的电子邮件地址和联系方式。它们能够在危机的背景下调整它们的信息和产品。没有销售漏斗的企业无法接触到客户，就会被遗忘。

如果你正在创办一家企业，销售漏斗是你应该在营销计划中创建的第一项内容。

在接下来的五天里，我将向你介绍"营销至简"的方法，展示销售漏斗的五个部分。

大多数营销培训都是理论性的，但我们的培训以实用为目的。我们希望你能够创建已经被证明有效的基本营销工具，或者监督你的营销人员创建这些工具。

无论你是不是一名专业的营销人员，了解什么是销售漏斗以及它是如何运行的，都将极大地增加你在公开市场上的价值。每个人都应该知道如何告诉别人他在做什么，以及为什么这么做，这很重要。

不仅如此，当你学习完本周的章节后，你将比95%的企业领导者更了解营销。这将使你成为精英专业人士中的一员，能够为任何组织创造非凡的价值。

32 理解销售漏斗

优秀的营销人员知道如何建立销售漏斗。

所有的销售都是相关的。人们时时刻刻都在听到关于产品或服务的商业信息，但是大多数时候，他们会无视这些信息，除非是从他们信任的人或品牌那里听到。

为了理解如何制定有效的营销计划，我们必须理解关系是如何起作用的。所有的关系都要经历三个阶段（参见图6.1）。

图 6.1

当人们第一次见到我们时，他们可能感到好奇，想更多地了解我们，也可能不会。品牌和产品也是如此。人们要么想知道更多，要么不想。有时候，人们要在看到你的品牌好几次之后，才会对你产生兴趣。

但是，是什么让人想要知道更多呢？

好奇

人们是否对你或你的品牌感到好奇，取决于他们能否把你和他们的生存联系起来。

我知道这听起来很原始，但事实如此。生存是人类的本能，我们的心理过滤器总是在不停地运行着接触到的数据。这种产品能够帮助我生存和发展吗？与这个人的关系能让我感觉更安全、给我更多的资源，让我更容易在这个世界上获得成功吗？

假设我们在一个派对上，有人激起了我们的好奇心（触发了我们的生存雷达）。如果我们年轻、单身，这个人很有吸引力，我们的生存过滤器会被可能找到伴侣的想法触发。或者，假设我们已经人到中年，这个人去参加了一个我们也想参加的会议，我们的生存过滤器会被是否应该花费资源去参加这个会议的信息触发。无论是什么让我们感到好奇，我向你保证，一定是为了生存。

因此，为了激起某人的好奇心，我们必须将我们的产品或服务与他的生存联系起来。

生存可以是任何事情：存钱、赚钱、结识新朋友、学习健康食谱、享受迫切需要的休息、获得地位，等等。几乎任何产品或服务都与客户的生存有关。

将我们自己或我们的产品和服务与人们的生存联系起来，激起他们的好奇心，是获准进入关系下一阶段的门票。

了解

激起了客户的好奇心之后，就应该让他们知道，我们是否真的能够帮助他们生存下去。

要让客户明白你的产品如何帮助他们生存下去，直截了当地告诉他们就行了。这种产品如何帮助我生存？如果使用了这种产品，我的生活能得到多大的改善？其他人对这种产品有什么看法？

客户因为好奇而对我们的产品产生兴趣之后，我们可以放慢沟通的速度，帮助他们了解产品是如何发挥作用的。

只有当人们了解了产品并且确信他们的问题可以解决、他们的生存状态可以改善之后，他们才会愿意进入关系的下一阶段：承诺。

承诺

在一段关系中，当一个人相信另一个人或一种产品能够帮助他们生存，愿意冒险一试时，承诺就产生了。

如果我们谈论的是一种产品或服务，承诺意味着客户愿意花钱换取他们相信能够帮助他们生存的东西。

承诺发生在客户下订单时。

遗憾的是，大多数营销活动都没有遵循关系的自然发展过程，所以失败了。

关系需要时间。如果我们在激起别人的好奇心或者让他们了解我们的产品之前，就要求他们做出承诺，他们会转身离开。我们必须随着时间的推移，循序渐进地激发客户的好奇心，让他们了解我们的产品，然后要求他们做出承诺。

我将在接下来的四天里向你介绍"营销至简"的销售漏斗，这个工具将帮助你与你的客户缓慢而自然地建立关系，让他们更有可能信任你并下订单。

"营销至简"销售漏斗的各个部分参见图6.2。

图 6.2

知道了如何创建销售漏斗，你就能够执行营销计划，赢得客户的信任，建立稳固的关系，并发展你的品牌。

无论你是否想创建一个销售漏斗，知道销售漏斗包括什么，以及它是如何发挥作用的，都将增加你在任何组织中的

价值，因为你知道能够推广你的产品或创意的营销计划应该
是什么样的。

▶▶ 每日提示

学会创建有效的销售漏斗，与客户建立稳固的关系。

33　创作能够促成销售的一句话摘要

优秀的营销人员知道如何创作一句话摘要。

与客户建立关系的第一步是激起他们的好奇心。但是，
怎么才能用一句话激起他们的好奇心呢？

如果你去问一个人是做什么的，大多数人会回答他们供
职的公司的名字，或者他们的头衔。

这个信息无法激起任何人的好奇心。但是，能不能换个
方式回答这个问题？什么样的答案能够让人想要找他们要名
片，或者跟他们约时间？

正如我在本章引言部分所说的，激起某人好奇心的关键
在于，将你的产品或服务与他的生存联系起来。要做到这一
点，有一个简单的公式。

要用一句话来激起客户的好奇心，就要创作出我们所谓
的"营销至简"一句话摘要。

这个想法来自电影行业。编剧创作剧本时，需要对故事做出精辟的总结，让制片人愿意投资——如果电影最后能够拍成，还要让人们想要走进电影院去看它。

在让人们为一部电影花钱这件事情上，一句话的故事摘要决定了电影制片厂能够赚得盆满钵满还是亏损数亿美元。

企业能不能有一句话摘要？能不能用一句话总结它们的产品故事，这句话让人们想要知道更多，甚至可能购买它们的产品？

这就是"营销至简"一句话摘要。

一句话摘要有三个组成部分：

1. 问题。

2. 你的产品作为解决方案。

3. 结果。

一句话摘要的结构实际上就是一个短故事。角色遇到问题，寻找解决方案。

结果，在你解释清楚你是做什么的以后，人们会继续跟进。

假设你在一个派对上问某人是做什么的，他告诉你他是名"家庭厨师"，你可能会问他是怎么入行的，或者他最喜欢的餐厅是什么，或者他是否为名人做过菜。

然而，假设你遇到另一名家庭厨师，他的手艺同样好，要价也一样，只是当你问他是做什么的时，他说：

"你知道吗，大多数家庭都不一起吃饭，他们一起吃饭时也吃得很不健康。我是名家庭厨师。我在别人家里做饭，让他们吃得更好，同时还能有更多的时间彼此陪伴。"

现在，这名家庭厨师不仅会有更多的生意，他简直会供不应求。为什么？因为他邀请人们进入一个故事，激起了他们的好奇心。在故事中，他们能够更好地生存和发展。客户现在想知道：

这对我有用吗？

要花多少钱？

是每周一次还是每晚都请人来做饭？

第一位厨师只描述了他的职业。第二位厨师给出了一句话摘要。

如果有人问你是做什么的，你能不能用一句话激起他们的兴趣？

把你的一句话摘要印在名片背面。用它作为电子邮件的签名档。把它贴在你的网站上。记住你的一句话摘要，这样如果有人问你是做什么的，你就能给出一个清晰的答案，这有助于你的企业发展。

一句话摘要是你创作的最接近咒语的东西，它能让人们想要和你做生意。

▶ 每日提示

作为营销计划的第一项要素，通过创作一句话摘要来激起客户的好奇心。

34 创建高效的网站

优秀的营销人员知道如何创建一个能够通过穴居人测试的网站。

销售漏斗的下一个要素是你的网站。一个高效的网站有许多可能的组成部分，但是如果想让你的网站尽可能地高效，必须遵守一条规则：你的网站必须通过穴居人测试。

大多数人不会认真阅读网站的内容，他们只是飞快地浏览。为了让一个人停下来认真阅读你的网站内容——从好奇过渡到渴望了解——你必须通过清晰地回答三个关键问题，进一步激起他的好奇心。

这些问题非常原始，即便是穴居人也能从网站上的粗体大字中找到答案。

想象一下，把一台笔记本电脑交给一个穴居人，电脑上打开了你的网站，给他 5 秒钟浏览你的登录页面。

在 5 秒钟内，这个穴居人能够清晰地回答这三个问题吗：

1. 你提供什么？

2. 它能如何改善我的生活？

3. 我需要做什么来购买它？

如果人们浏览你的网站，不能在 5 秒钟内回答这三个问题，你就会赔钱。

假设你是安装泳池的，你的泳池能够让一家人享受美好的夏日时光吗？如果我想安装，应该点击"获取报价"按钮吗？如果一个穴居人在浏览你的网站 5 秒钟之后，能够说出你提供什么、你所提供的东西能如何改善他的生活，以及他需要做什么来购买它，那么恭喜你，你已经表达得非常清楚了。

大多数公司想在网站上分享信息。事实上，人们不需要知道你的祖母创办了这家公司，也不需要知道你十年前曾获得美国商会颁发的奖项。

他们需要知道的是你提供什么、它能如何改善他们的生活，以及他们需要做什么来购买它。

网站的顶部是最重要的，因为它框定了你能在页面上呈现的其他信息。我们将这个部分称为"抬头"。如果你的网站抬头通过了穴居人测试，你将看到销售的增长。

▶▶ 每日提示

　　作为营销计划的第二项要素，学会创建一个能够通过穴居人测试的网站。

35　收集电子邮件地址

优秀的营销人员会通过提供免费的好处获取电子邮件地址。

　　用一句话摘要和网站激起客户的好奇心之后，你就可以开始为潜在客户准备宣传品，引导他们进入下一阶段。然后，你可以通过电子邮件进一步帮助他们了解产品，直到开始要求他们做出承诺。

　　大多数人擅长制作网站的部分，但是他们的营销活动就到此为止了。

　　如果你不想收集电子邮件地址，我可以理解其中的原因：你不想让推销打扰到别人；或者你不知道当你得到了这些电子邮件地址，要用它们来做什么；或者你对这一切技术一无所知。

　　这些理由都说得通，但是它们全都不足以证明，不去收集电子邮件地址和发送电子邮件是合理的。电子邮件营销太便宜、太有利可图了，你不能忽视它。

如果你没有收集电子邮件地址，那么我要说，你应该这样做。但是，怎样收集电子邮件地址才不会引起反感呢？

关键在于提供看得见的、免费的好处，来换取潜在客户的联系方式。

如今，在心理学上，人们认为他们的电子邮件地址价值在 10 到 20 美元。这意味着，只有提供他们会花 10 到 20 美元购买的东西，他们才会愿意交换他们的电子邮件地址。这意味着，要让人们提供电子邮件地址，我们需要给他们真正想要或者需要的东西。

幸运的是，你可能是某个领域的专家，能够提供其他人认为有价值的信息。如果你是一名牙医，你可能知道五六种能够帮助孩子喜欢上刷牙的方法，家长会很愿意了解的。如果你有一家宠物店，我敢打赌你知道怎么让狗狗不要在人们进门时扑上去，狗主人可能觉得这些信息很有价值。

如果你用免费 PDF 文档或系列视频的形式提供这些有价值的信息，人们在下载之后可能不会太反感你给他们发送电子邮件。而且，即使他们反感，他们也可以随时取消订阅你的电子邮件。

不过，这里的关键在于提供有价值的东西。这种价值应该是具体的，能够解决你的潜在客户面临的问题。

你以前可能尝试过通过创建通信业务来收集电子邮件地址，但是没有人想订阅你的通信业务。为什么？因为他们不知道你的通信业务解决了什么具体问题。相反，一个标题为"怎样让你的狗狗不再扑向别人"的 PDF 文档提供了明确的价值。

无论你提供什么，确保它有明确的价值。

在创建人们愿意用电子邮件地址换取的宣传品时，遵守以下规则：

1. 要简短。你不需要写完整整一本书，或者拍摄一部完整的纪录片。

2. 要有封面。把它包装起来，让它的外表看起来和内在一样有价值。光有白纸黑字不会收集到很多电子邮件地址。

3. 要解决具体问题。如果这些东西能够减轻人们生活中的挫折和痛苦，人们是愿意用电子邮件地址来交换的。

为了帮助客户了解产品，并进一步增加他们最终做出承诺的机会，坚持培育与潜在客户的关系，帮助他们解决问题，赢得他们的信任。

▶ 每日提示

作为营销计划的第三项要素，为潜在客户制作宣传品，换取他们的电子邮件地址。

36 给客户发送电子邮件

优秀的营销人员能够通过电子邮件建立关系并完成销售。

多年前，当我第一次和我妻子约会时，她给了我这辈子听过的最好的营销建议。她说："唐，你重视时间的质量，而我重视时间的数量。"

实际上，她的建议不是针对市场营销，而是针对约会。她在告诉我如何赢得她的芳心。她不想进展得太快。她需要时间。

特别是，她知道我是那种知道自己想要什么、倾向于果断采取行动的人。但是，这不适合她。她希望多约会几次，多观察一些情况，才能知道自己找了一个什么样的人。聪明的女人。

不用说，我放慢了速度。我搬到了她的城市，在她家附近租了一所房子，花了几个月时间，跟她和她的闺蜜们在客厅里喝茶，翘着兰花指。这是一种牺牲，但是我得到了心仪的女孩。

后来，通过数据分析，我意识到我们的客户不会第一次看到我们的网站就下单购买，甚至在下载了为潜在客户制作的宣传品之后也不会。只有在几个月以后，他们已经收到很多包含有价值内容的电子邮件之后，他们才会下单购买。我这才恍然大悟：他们是重视时间的数量的客户。他们需要一次又一次地接收我们的信息，然后才会信任我们——和我妻子贝琪一样。

电子邮件营销让你有机会与客户共度大量的时间。慢慢地，经过几周、几个月，甚至几年的时间，你的客户已经习惯了收到你的信息，接受免费的好处，并开始信任你。当然，信任会带来承诺。

在下载或观看你为潜在客户准备的宣传品之后，客户应该继续从提供电子邮件地址中获得可观的好处。你应该继续解决他们的问题，鼓励他们，帮助他们了解产品，给他们提供信息。

当然，你想让他们从你这里买东西。让他们了解那些能够帮助他们解决问题的产品。利用每一条附注反复提出报价，甚至可以提供额外的奖励。

让客户做出承诺是一件大事。他们可能损失金钱，或者因为做出了错误的决定，感觉自己像个傻瓜。我们不应该在没有赢得客户信任的情况下，期待他们做出这些决定。

在为潜在客户提供宣传品之后，继续制作有价值的电子邮件，越多越好，与你的客户保持联系。提供食谱、学习指南、DIY技巧、观点和视角——任何你认为客户关心或感兴趣的东西。

通过发送有价值的电子邮件，与客户保持联系，他们就会信任你。当他们信任你时，他们就会做出承诺和下订单。

▶▶ 每日提示

作为营销计划的第四项要素，通过电子邮件营销赢得客户的信任，要求他们做出承诺。

价值驱动型专业人才

通过掌握每一种核心竞争力

来提升你个人的经济价值。

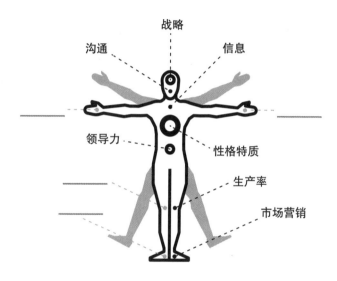

第七章　沟通至简

如何成为优秀的

沟通者

引言

你已经具备了合格的专业人士的性格特质，学会了让团队围绕一个使命团结起来，提高了个人生产率，了解了企业是如何运行的，阐明了我们的信息，知道了如何创建销售漏斗。现在，让我们花一些时间成为优秀的沟通者，学会如何做一场精彩的演讲。

无论你是在主持会议、发起倡议、做主题演讲，还是在主持在线研讨会，任何能在做演讲时吸引全场注意力的专业人士都会被赋予更多的责任，获得更高的报酬。善于沟通的人会被选为领导者。

遗憾的是，坐在那里参加完大多数公司的发布会都是一种折磨。一页接一页写满了数据的 PPT 能够扼杀任何一个重要项目的发展势头。

不过，偶尔，你也会有幸参加一场令人惊喜的发布会。你也不知道为什么。你只能猜测做演讲的人是一个优秀的沟通者。事实上，很快组织中的每个人都会这样描述她——一名优秀的沟通者。

但是，她究竟做了什么与众不同的事？她所做的事，别人能够学会吗？

答案是肯定的。她具体做了什么，会出乎你的意料。事实证明，她做了几件小事，从一开始就吸引了听众的注意力，然后保持住他们的兴趣，一直到她讲完。

那么，优秀的沟通者做了什么其他人没有做的事呢？

这一点很重要。为了被赋予越来越多的责任，我们必须做出能够吸引人们注意力的演讲。即使只是在会议中做一个简短的开场白，我们的沟通技巧也应该是完美无缺的。

要做好一次演讲，我们需要明白，每个听众私下里都希望演讲者回答五个问题。如果你不回答这五个问题，听众就会走神。如果你回答了，而且你的答案充满创意、令人难忘，听众就会喜欢你的演讲。

这些问题看起来很熟悉，因为自从亚里士多德写了他的《诗学》（*Poetics*）以来，人们就一直在追问这些古老的问题。

无论如何，当我们把一个好故事的元素应用到演讲中，会得到与卖座电影编剧同样的结果：听众的投入和热情。

这五个问题是：

1. 你要帮听众解决什么问题？

2. 你的解决方案是什么？

3. 如果听众接受了你的解决方案，他的生活将是什么样的？

4. 接下来，你想让听众做什么？

5. 你希望听众记住什么？

许多沟通导师会告诉你，在开始演讲之前，先讲一个笑话，或者表现出脆弱的一面，或者做一个深呼吸。

这些建议都很好，但是对于一场精彩的演讲来说，这些都不是必需的。对于任何演讲来说，无论你要表现得有趣、聪明、脆弱还是机智，都必须为听众回答这五个问题。如果你回答了这些问题，你就赢了。

在接下来的四天里，我将向你介绍"沟通至简"框架，并教你回答这五个问题，你的沟通能力将让你给你面对的任何受众留下深刻的印象。

37　做一次精彩的演讲

在演讲的一开头，告诉听众你将帮助他们解决什么问题。

我们每个人都会遇到这种情况：当走到一大群人面前时，我们立刻忘记了如何开始我们的演讲。我们已经排练过无数次了，但是没有意识到，被那么多双眼睛盯着会让我们感到……怎么说呢，不安全。于是，我们犯了一个严重的错误——每个业余演讲者都会犯的错误：以一种笨拙的方式开始我们的演讲。

不是用强有力的开场白，而是谈论天气、咖啡；或者这个房间里有一个你大学毕业后就没见过的家伙，当年上心理学入门课的时候你们坐在一起——还记得提莫尔先生吗？天哪，他真是位幽默的老师。

听众已经走神了，因为他们不在乎你是不是跟听众中的某个人一起上过大学，他们相信自己也不会觉得提莫尔先生那么有趣。

听众不会对你的演讲感兴趣，除非他们知道你要做一件事：帮助他们解决问题。

在你谈到你要帮助观众解决的问题之前，他们会想：

1. 这场演讲是关于什么的？

2. 我们为什么要听这场演讲？

3. 演讲者有资格站在台上吗？

所有的好电影都从一个问题开始。从问题开始是有原因的。问题是故事吸引人的关键。外星人 E. T. 能回家吗？不知道，让我们看看电影是怎么演的吧。

在你提出问题之前，听众不知道他们为什么要集中注意力。用一个问题开始你的演讲。

你能帮我们阻止每年第四季度的收入下滑吗？这样开始你的演讲："过去五年中，我们看到，每到第四季度我们的收入都会下滑，这使我们大多数人相信，这种下滑是不可避免的。我不相信。我认为我们可以做三件事。我们会看到，第四季度的收入是可以增长的。"

这样的陈述会吸引整个房间的人，并让他们在你的演讲全程保持注意力集中。

当我谈到用问题来开始演讲的力量时，大多数演讲者都不相信我。他们会接受我的建议，但只是将信将疑。他们会在演讲的前十分钟谈到问题，但他们还是用介绍来开始演讲，而不是问题。他们会说他们是谁、从哪里来。

别这么做。

不要用介绍来开始演讲，要用问题。我一直到处做演讲，但是在开始演讲时从来不介绍我自己。我会在演讲的中途，甚至是最后做自我介绍。或者，更好的办法是让主持人来介绍我。为什么？因为任何人在知道我能解决一个重要的问题之前，为什么要在乎我是谁呢？

当你通过谈论一个问题来开始演讲时，你会吸引听众。如果不以问题开场，听众就会坐在那里，不知道他们为什么要听你演讲。

▶ 每日提示

　　优秀的沟通者会通过谈论他们能够帮助听众解决的问题来开始他们的演讲。

38　创建细分要点

优秀的沟通者会确保演讲中所有的细分要点都在演讲的整体框架之内。

通过讨论你能帮听众解决的问题来开始你的演讲之后，如果你能做到两件事，他们就会继续听你讲：

1. 展示一个简单的计划，来帮助听众解决他们的问题。

2. 将计划的每一步定位为整体叙述中的次要情节。

故事通过主要情节和次要情节来保持听众的注意力，所以，如果你想在演讲中保持听众的注意力，你的演讲也应该有主要情节和次要情节。

当你通过清晰地定义问题来展开一个故事时，你就定义了演讲的主要情节。主要情节是你演讲的主导思想。当你定义了你要帮助听众解决的问题时，这个问题就是演讲的主题，演讲中的所有其他内容都要与这个主题相适应。

这并不意味着你不能在演讲中插入其他话题。只是你必须想办法将其他话题纳入主要情节的框架之内。

多年前，我应邀为一位在任州长撰写国情咨文的初稿。当然，开头没有问题。我让这位州长陈述了他想要解决的问题。然而，演讲的中间部分出现了问题。这是一篇很长的演讲，必须涵盖州政府方方面面的问题，包括预算方针。这跟好莱坞那一套很不一样。

演讲既要有趣，又要有精彩的段落，方便媒体报道。

我们能让听众保持兴趣吗？

我们选择聚焦的问题是，两党之间的分歧太大了。我们写道：如果我们团结一致，世界将变得多么美好；而如果我们不能，人民会遭受多少痛苦。

这就是这篇演讲的主导思想：我们为什么要解决政治分歧的问题。

从这一点出发，演讲可以涵盖我们想要的任何内容，包括深入探讨预算支出和超支的细枝末节。我不担心。只要主导思想是"如果我们团结一致、为人民服务，好事就会发生，而如果我们不这样做，人民就会遭受痛苦"，我们就可以在演讲中涵盖任何话题，故事就不会失去意义。

当我们选择了问题，即演讲的"主要情节"时，就需要制定计划，而计划需要有三个（最多不超过四个）细分要点。如果你的主要观点要涵盖四个以上的细分要点，你的演讲就会拖得很长。

那么，什么是细分要点？

本质上，细分要点就像故事中的次要情节。

次要情节是……你在电视或电影中看到的所有故事都是由主要情节和次要情节构成的。

例如，在一个关于秘密特工的故事中，主要情节可能是英雄要逃离某个国家。如何避开酒店大堂里监视的间谍，离开房间，乘上门口等待的出租车，就是一个次要情节。当这个次要情节结束时，主人公在街头开着跑车，被骑摩托车的坏人追赶的次要情节又开始了。

故事的主要情节通过提出一个足够有趣的问题开启一个大循环，能够吸引我们两个小时的注意力。故事的次要情节是在这两个小时中被依次提出和回答的小问题，通过推动情节向前发展，来保持听众的兴趣。

一种简单的故事结构在纸面上是这样的：

主要情节：	主人公要找到并逮捕一名准备搞炸弹袭击的恐怖分子。
次要情节：	主人公找到建筑物内的炸弹。
下一个次要情节：	主人公在炸弹旁发现一个必须解开的谜语。
下一个次要情节：	主人公意识到这个谜语是针对个人的。炸弹袭击者认识他。
下一个次要情节：	主人公解开谜语，意识到炸弹袭击者是他的兄弟。
下一个次要情节：	主人公必须找到他已经二十年未曾谋面的兄弟。
一篇演讲就像一部好莱坞电影，是由主要情节和次要情节构成的。	

主要情节：	为了人民的利益，民主党和共和党必须团结一致。
次要情节：	我们必须团结一致，创造教育公平。
下一个次要情节：	我们必须团结一致，降低医疗成本。
下一个次要情节：	我们必须团结一致，创造税收公平。

通过在主要情节的框架之内开启和结束一个个次要情节，我们将用一条统一的、有凝聚力的故事线索串联起整个演讲。

如果一场演讲让观众觉得无聊，很有可能是因为其中的细分要点没有像次要情节一样，为演讲的主要情节服务。

在剧本中，每场戏都必须促使主人公朝着解决特定问题或者与之相反的方向前进。如果一场戏没有被包含在整体情节的框架之内，就必须删除，否则观众会感到困惑，并且对故事失去兴趣。

在一个出色的演讲中，主要情节应该包含三到四个次要情节，始终推动故事朝着最终的解决前进。这是让人们在整个演讲过程中保持注意力的方法。

▶◉ 每日提示

　　将演讲分解为主要情节和次要情节。在开始演讲之前，就要清楚地知道你的主导思想。

39　为高潮做铺垫

优秀的沟通者会通过为高潮做铺垫，告诉观众他们的生活会变成什么样子。

　　一个好故事总是朝着某个方向发展的，通常，这个方向在故事中早有预兆，观众知道他们希望发生什么事。

　　在电影《追梦赤子心》（*Rudy*）中，我们都希望鲁迪能代表圣母大学参加橄榄球比赛。在《罗密欧与朱丽叶》中，我们都希望有情人终成眷属。在《国王的演讲》（*The King's Speech*）中，我们都希望乔治国王演讲时不要口吃。

　　任何好故事都是逐步迈向高潮的，因为在高潮中，所有的紧张冲突都得到了解决，听众也体验到问题得到解决的喜悦。

优秀的沟通者总是会为高潮做铺垫，告诉听众，如果他们根据演讲者提出的观点采取行动，将会发生什么。

约翰·F. 肯尼迪（John F. Kennedy）描绘了美国宇航员在月球上行走的高潮场面："我们选择在这个十年内登上月球……"为了看到这一幕，美国人必须为他投票。温斯顿·丘吉尔（Winston Churchill）描绘了一幕高潮，只有大英帝国英勇地与希特勒战斗，这一幕才会成为现实："如果我们能顶得住，全欧洲都将获得解放，全世界的人民就能进入一个阳光普照的辽阔高地。"

全世界人民进入了这个阳光普照的辽阔高地，这就是经过铺垫后达到的高潮。

如果人们真的按照演讲者的要求去做了，生活会变成什么样？你是否描绘了一幅场景，让听众能够想象更美好的生活？如果没有，你的演讲就没有为高潮做好铺垫，听众也无从想象接受你的建议会带给他们怎样美好的未来。

你为之铺垫的高潮应该是视觉系的。高潮越不形象化，对听众的吸引力就越小。

当你在演讲中为高潮做铺垫时，就是在激励听众朝着那一幕前进。关键在于，要让听众希望这一幕成为现实。

▶ **每日提示**

　　在演讲中为高潮做铺垫，就能激励你的听众。

40　召唤听众采取行动

优秀的沟通者会在演讲中有力地召唤听众采取行动。

　　在一场精彩的演讲中，听众会受到激励而采取行动。他们会想要"做些什么"，来为宇航员在月球上行走，或者朝着阳光普照的辽阔高地前进做出贡献。

　　但是，他们能够做什么呢？投票？战斗？还是……告诉我呀！

　　优秀的沟通者会在演讲中有力地召唤听众采取行动，让听众有意识地为他们提出的倡议做出贡献。

　　要在演讲中召唤行动的主要原因是，一般来说，除非受到召唤，否则人们不会采取行动。

　　在故事中，主人公必须受到某个事件的刺激，被迫采取行动：他的狗被绑架了，或者她的丈夫变成了狼人！

　　你演讲中的行动召唤就是这个刺激事件，召唤听众去做些什么——某些具体的事件。

　　召唤行动的另一个原因是，只有当人们采取行动时，他们才会真正相信一个理念。

如果你愿意，可以称之为"切身利益"。重点在于，当你要求听众为某个理念或计划做出牺牲时，这个理念或计划才开始变成他们自己的。

要注意，你的行动召唤不能含糊不清。它必须是明确的。

如果你想找加油站，你向一个陌生人问路，他却说："当然，附近有一个加油站。"这样回答不会有帮助。明确的方向才能帮助你完成任务，比如"右转向前走三个街区有一个加油站"。

要求观众更加关心他人不是一个足够具体的行动召唤。相反，你应该要求他们做一些具体的事情，比如打电话给他们在国会的代表，然后把代表的电话号码公布在你身后的屏幕上。

如果你正在做一场销售演讲，行动召唤应该是下订单或者安排电话预约。如果你正在做一场内部业务演讲，行动召唤可能是组建一个研究团队或者出售一个部门。无论如何，行动召唤必须是明确的。

在我们的办公室中，大家在创建内容时经常重复的一句话是：不要让读者做一大堆数学运算。

意思是，不要让人们去揣摩你想让他们做什么。告诉他们——直截了当地告诉他们。

▶● 每日提示

　　在演讲中有力地召唤听众采取行动，他们就会和你共
享你的理念。

41　决定演讲的主题

优秀的沟通者会在演讲结束时说明演讲的主题。

　　几年前，我聘请了一位演讲教练来帮助我改进演讲技
巧。他来到我的办公室，我们花了两天时间观看一段我的演
讲视频，这段内容我已经讲过一百多次了。走进房间时，我
觉得自己的演讲棒极了。观众甚至为我起立鼓掌。然而，令
我惊讶的是，教练提出了许多建议。事实证明，这只是一场
非常平庸的演讲。

　　我学到了很多东西。现在，我正在"沟通至简"课程中
教授其中一些内容。不过，教练给我的最好的建议是，对于
走下讲台之前说的最后一句话，一定要有百分之百的把握。

　　"人们记得最清楚的就是你说的最后一句话。"他说，
"最后一句话就像敲钟一样，会在他们脑海里持续回荡一个
多小时。"

这个建议对我很有帮助。事实上，很长时间以来，我演讲的最后一句话都是随机的。我总是感谢观众或主持人，或者回答完提问环节的最后一个问题，然后道声晚安，走下讲台。

跟我的演讲教练学习后，我开始为每次演讲的结束语进行排练。我想确保在演讲后的一个小时或更长时间里，像钟声一样在他们脑海中回荡的，正是我想要他们听到的内容。

当然，这就引出下面的问题：结束语应该是关于什么的？你应该说些什么？

演讲中，最有力的结束语应该是关于演讲主题的。

主题的概念同样来源于古老的故事模板。许多作家相信，所有的故事都源于同一个主题。主题是表达故事的内容或寓意的方式。

例如，在《罗密欧与朱丽叶》中，主题是"生命诚可贵，爱情价更高"；在《饥饿游戏》中，主题是"人类的自由和尊严值得我们为之战斗"。

像一个好故事一样，你的演讲也应该有一个主题。要找到你演讲的主题，就要问自己，这个演讲为什么重要。它之所以重要，是因为第四季度的所有工作不应该被浪费？或者，你的主题是"客户不应该为护理草坪花费过高的费用，因为……"？

在前面提到的州长的演讲中，主题是"人民不应该因为共和党和民主党之间的矛盾遭受痛苦"。

在演讲结束时说明主题，可以确保听众知道你的演讲是关于什么的。如果不说明主题，你就是在让听众自己去揣摩。除非说明主题，否则很有可能，他们无法理解你演讲的主要观点是什么。这意味着你不是一个能让他们记住的优秀演讲者。

如何决定演讲的主题？很简单，只要把下面这句话补充完整：

我演讲的要点是＿＿＿＿＿＿＿＿＿＿＿＿＿＿＿＿＿。

在演讲中多次重复这个要点，当然，还要在演讲结束时把它作为你说的最后一句话，观众就知道你要说的是什么了。遗憾的是，大多数观众都不知道演讲者要说的是什么。他们只是听到几个笑话、几段感人的故事，笑过、哭过之后，什么都没记住。

当你明确了演讲的主题，就要把它作为演讲的结束语。主题是你希望观众离开时念念不忘的东西。

事实上，我经常在演讲中多次重复主题。当然，我还会在演讲结束时有意识地再次强调主题。

▶▶ 每日提示

在演讲结束时说明主题，让观众知道为什么你的演讲很重要。

价值驱动型专业人才

通过掌握每一种核心竞争力

来提升你个人的经济价值。

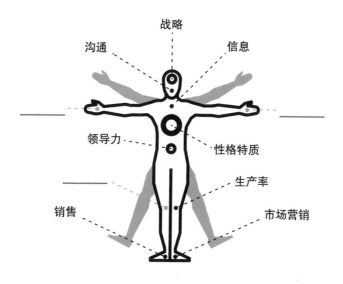

第八章
销售至简

引言

你已经为自己培养出合格的专业人士的性格特质，学会了让团队围绕一个使命团结起来，提高了个人生产率，阐明了信息，知道了如何创建销售漏斗，并且成了一名优秀的沟通者。现在来谈谈如何建立一个销售体系。

无论是经营公司还是修剪草坪，只要懂得如何做销售，每个专业人士都能极大地提升他们对组织的价值。

实际上，销售就是向人们清楚地解释你的产品或服务如何解决他们的问题，然后引导他们通过一个过程完成购买。

大多数人认为销售就是"说服人们购买他们不想要的东西"。但是，说服人们买东西，意味着你可能只能卖给他们这一件产品，然后就再也不能卖给他们任何东西了。

人们讨厌被别人强迫买东西。他们可能会顺从，但顺从通常是某种形式的抵抗，因为这是最快摆脱销售人员的方式。很多人开着新车离开停车场，心里知道他们再也不会从那个销售人员那里买东西了。

相反，优秀的销售人员有一套工作框架，他们邀请客户进入一个故事。在故事中，客户的问题得到了解决，而且整个过程令人愉快。

优秀的销售人员让客户成为主人公，并帮助主人公赢得胜利。

在接下来的五天里，我将向你介绍"销售至简"框架，它将极大地增加你将潜在客户转化为购买者的数量，让你从客户那里得到更多的赞赏和尊重。

掌握了这个框架，你就能知道每个客户处于销售过程中的哪个阶段，以及你能够为他们提供什么样的帮助。你的销售过程也能实现规模化。很快，吸引潜在客户就会变成一件令人兴奋的事，因为你知道他们当中很大一部分会变成付费客户。

让客户成为故事中的主人公，是帮助更多的人从而完成更多销售的关键。

42　验证潜在客户的资质

投射准确的性格特质：验证客户的资质。

几年前，我与人合写了一部电影剧本，导演邀请我帮忙选角。我们坐在那里看了几个小时的试镜视频。演员们朗读台词，表演剧本中的场景。

在那次经历之前，我以为导演肯定会选择最好的演员，然后开拍。但事实并非如此。事实上，导演为每个角色选择了正确的演员，却不一定是最好的。有些演员可能更有天赋，但是个子太高、年龄太大、表演风格过于戏剧化，等等。实际上，导演为电影寻找的是能完美适合角色的演员。

销售也是如此。做销售时，你就是在邀请人们进入一个故事。在故事中，他们的问题得到了解决，他们成为更好、更完整的自己。然而，这意味着不是每个人都适合这个角色。

在销售中，我们称之为验证潜在客户的资质。客户是否有产品能够解决的问题？客户是否用得起解决方案？客户是否有权购买你的产品？

对销售人员来说，有资质的潜在客户名单是非常重要的，这能帮助他们决定邀请哪些人进入他们的故事，因为如果他们选择了错误的角色，故事就行不通了。

我的公司有一名全职团队成员，他唯一的工作就是验证潜在客户的资质。为什么？因为面向一个没有资质的潜在客户开展销售过程，既浪费了客户的时间，又浪费了销售团队的时间，也浪费了你和公司的金钱。

销售就是要管理你的投入和精力。与一个没有资质的潜在客户交谈，你花费的每一分钟都不如趴在桌子上睡觉。毕竟，研究证明，睡眠有助于提高绩效表现，而被没有资质的潜在客户拒绝只会令人抓狂。

那么，什么样的潜在客户才是有资质的？正如前面提到的，有资质的潜在客户要满足以下三个标准：

1. 他们有你的产品能够解决的问题。

2. 他们能够买得起你的产品。

3. 他们有权购买你的产品。

如果你的潜在客户并不为你能解决的问题所困扰，你应该放弃他，换一个目标。不过，为了确认这一点，你必须充分了解你的产品实际上解决了什么问题，并提出一系列问题来对潜在客户进行评估。他们的保险该续保了吗？他们是否遇到了招聘困难，因为没有一名专门负责人力资源的团队成员？他们是否违反了政府规定？

提出一系列问题，来确定客户是否需要你的产品，否则就会浪费宝贵的精力。

接下来，你想知道的是，潜在客户是否买得起你的产品。"目前，你在市场营销方面的投入是多少？""你现在的打印费用是多少？"这类问题都是非常合理的，能够帮助你了解潜在客户的预算限制是否允许他们购买你的产品。

如果客户没钱购买你的产品，礼貌地跟他告别，转向下一个更有资质的潜在客户。

最后，许多潜在客户需要你的产品，也能买得起你的产品，但是没有购买产品的权利。在这种情况下，你需要与真正有权购买产品的人建立联系。

询问潜在客户是否有权做决定。如果他们没有，让他们把你介绍给有权利的人。邀请没有资质的潜在客户吃午餐，让他把有资质的人带来，可能是一个不错的选择。当然，这取决于你的产品价值有多高。

关键在于，在销售过程开始之前就确保你找对了人。正确的人选有你的产品能够解决的问题，能够买得起你的产品，也有权购买你的产品。

每个销售人员都应该拥有一长串有资质的潜在客户名单。每个潜在客户都是你准备邀请到故事中的候选人。寻找有资质的潜在客户就相当于为故事选角。当然，你还没有真正邀请他们进入故事，但是你已经做了重要的工作，排除了所有不适合这个角色的候选人。仅这一阶段就能为你节约成百上千个小时的时间，让你真正致力于解决客户的问题，改变他们的生活。

接下来，把潜在客户带到你的故事中来吧。

▶ 每日提示

制定一套验证潜在客户资质的标准，确保你的产品能够解决他们的问题、改变他们的生活。

43　邀请客户进入故事

给有资质的潜在客户讲述你的产品或服务的故事。

现在，你已经知道了谁要在故事中扮演角色，是时候邀请他们进入故事了。

几乎每个故事中都会发生五件事：主人公遇到问题；这个问题让他们遭遇挫折，想要采取行动；他们遇到向导，向导能够用某项计划或某种工具帮助他们；他们开始相信这个解决方案；最后，他们采取行动来解决问题。

所以，为了让有资质的潜在客户产生兴趣并进入故事，你需要为他们把故事讲清楚。

要为每个客户创建一条故事弧，你需要使用以下模板：

1. 我看到你正为问题 X 所困扰。

2. 我看到问题 X 导致了挫折 Y。

3. 我们的产品或服务能够通过解决问题 X 来战胜挫折 Y。

4. 我们与数百个有问题 X 的客户合作过，这是他们的结果。

5. 让我们制定一个循序渐进的计划，你的问题和挫折都能得到解决。

几千年来，人们一直用这个模板来讲故事，因为人类的大脑理解它，并被它吸引。因此，如果人类的大脑理解这个模板并被它吸引，你就应该用它来邀请客户进入故事。在这个故事中，通过购买你的产品，他们的问题得到了解决。

当你更好地理解了这个框架，你将学会在邀请客户进入的故事中更加自律。很多销售人员在销售过程中迷失了方向，这正是他们业绩不佳的原因所在。

与其在客户生日时打电话、送上礼物和贺卡，不如努力找出他们的问题，倾听他们的问题造成的挫折，并与他们协商如何解决这些问题。

一名优秀销售人员的目标不是让人喜欢他，而是让人相信他。我们喜欢对我们好的人，但是相信和尊重那些能够帮助我们解决问题、战胜挫折的人。

当你与潜在客户交谈时，你能否清楚地看到你想让他们进入的故事，并向他们清楚地解释这个故事？你能否根据他们各自的具体情况和痛点将这个故事定制化？你能否让这个故事成为一份邀请，去解决他们的问题、改变他们的生活？

如果不能，用上述五部分模板来描述客户的故事，然后向他们发出邀请，解决他们的问题。如果你做到了，你会得到更多的尊重和信任，你的销售额也会增加。

▶ 每日提示

　　发现客户的问题，邀请他们进入故事。在故事中，他们的问题得到了解决。

44　重复演讲的要点

扮演向导，熟悉你的台词。

大多数潜在客户不会因为销售人员不够有魅力、不够友好，或者不够有说服力而放弃购买。他们放弃购买，是因为销售人员没有引导他们找到解决问题的方法。

怎样才能增加销售？我们可以扮演向导。现在，你已经知道每个故事中都存在哪些角色了。你也知道，在销售活动中，客户要扮演主人公。

这是他们的故事。我们在故事中也扮演着重要的角色。我们扮演的是向导。

在《星球大战》中，欧比旺·肯诺比是卢克·天行者的向导。在《饥饿游戏》中，海米奇是凯特尼斯的向导。你是客户的向导。

那么，向导都做些什么呢？在销售活动中，向导要做三件事：

1. 提醒主人公这个故事是关于什么的。

2. 给主人公一个计划，帮助他们解决问题并赢得胜利。

3. 为故事的高潮做铺垫。

为了扮演向导，我们需要不断提醒客户故事是关于什么的，邀请他们参与其中，让他们体验到积极的解决方案。

向导需要熟悉他们的台词，并且经常练习。谈话的要点应该是提醒客户注意故事的内容，并为他们提供一个计划。

如果我在销售儿童游乐设施，我的客户是当地的教堂，我的台词可以是：

> 我知道你在想方设法让教堂对社区居民更有吸引力，但是让人们感受到你的热情并不是一件容易的事。修建一座游乐场，邀请社区居民参加盛大的开园仪式，能够帮助你传递欢迎的信息，让更多的人感受到与教堂

的联系。我认为这能吸引更多的人去教堂，改变很多人的生活。

看到问题、计划和高潮了吗？

问题：社区居民不来教堂，因为他们觉得教堂没有吸引力。

计划：修建一座游乐场，邀请社区居民参加开园仪式。

高潮："……吸引更多的人去教堂，改变很多人的生活。"

这些台词或其变体，就是向导的谈话要点。

记住你的谈话要点

邀请客户进入故事的关键在于，找出定义故事的谈话要点，然后在午餐会、电子邮件、提案、电话沟通等各种场合重复它们。

许多销售人员花费数年的时间来建立融洽的关系。这很好。但是，作为销售人员，我们的任务是解决问题和改变生活。而且说实话，要建立融洽的关系，没有比解决问题和改变生活更快的方法了。

诚然，向客户重复台词而不是进行有意义的对话，可能令人厌烦。但是，面对每一个潜在客户都有事先准备好的谈话要点，好处是你可以把大部分时间花在谈论其他事情上。所以，你可以用20％的时间来强调谈话要点，用80％的时间来建立真正的关系，邀请客户进入一个清晰明了、令人信服的故事。

跟客户交谈时，开始和结束都用到谈话要点是一种好办法，这能够确保客户理解你想邀请他们进入的故事。

就像准备进行一场重要演讲或面试的领导者一样，优秀的销售人员会记住他的谈话要点，并反复强调。于是，客户会将销售人员视为他们生活中的向导，发现他们被邀请进入了一个令人信服的故事，并通过购买产品或服务来解决他们的问题。

永远记住，客户扮演的是主人公。他们在寻找一名引导他们进入故事的向导。这就是销售人员的职责所在。

▶● 每日提示

> 准备好明确的谈话要点，邀请客户进入故事，并反复强调这些要点。

45 提供有吸引力的报价

用故事书的模板提出你的报价。

许多销售人员会在匆忙发送的电子邮件中，以要点的形式总结他们的报价，当客户拒绝时还会感到惊讶。

通常，客户会把不购买的理由归结为价格、竞争力、时间要求、预算限制，等等。但我怀疑这些理由是站不住脚的。

实际情况是，客户很可能对交易将如何进行，以及他们能够从交易中得到什么感到困惑。人们总是会拒绝令人困惑的报价。

出于这个原因，你应该在报价、宣传册和视频中强调故事的要点。

在推销过程中，当我们了解客户的问题，制定计划，为故事的高潮做铺垫时，不应该假设他们能够记住每一个字，或者会做笔记，花费几个小时研究我们的报价。更有可能的是，他们聊得很愉快，被故事吸引，然后回到家，忘记了所有的细节。

然后，到了该做决定的时候，他们感到困惑。

当客户告诉你他们会考虑，稍后给你答复时，你可能以为这意味着他们拒绝了你的报价。实际上，我并不认为他们是在拒绝你。他们真正想说的是："等我弄清楚了再给你答复。"遗憾的是，他们始终没有弄清楚。为什么？因为你从来没有给他们一份简单、有趣的文档，供他们阅读和判断，帮助他们澄清困惑。

这就是为什么好的报价、宣传册、网站、视频，或者我们为了完成销售制作的任何附件如此重要的原因。

人们不喜欢走入迷雾。我们内在的生存机制希望我们留在没有威胁或潜在威胁的环境中，而迷雾中有太多未知的神秘因素了。

思想的世界也是如此。如果我们对未来是什么样子、某人的意图是什么，或者下一步应该做什么感到困惑，大脑就会感知到心理的迷雾并向后退缩。

优秀的销售人员会创建一个报价模板，然后针对每位客户进行定制。他们仔细考虑客户的问题，讨论具体的计划，有力地召唤行动，直至最后的高潮。

一份好的报价单可以使用以下模板：

1. 客户的问题

2. 能够解决问题的产品

3. 将解决方案（产品）应用于客户生活的计划

4. 价格和选项

5. 高潮场景（问题得到解决的结果）

这是一个非常简单的故事模板，跟你在儿童读物中看到的没有什么两样。它很容易理解，取决于呈现方式，其中的前提假设（产品能够解决客户的问题）也很容易理解。

以报价单、PDF 文档或视频这类容易理解的形式给客户讲故事，不会制造迷雾，也就不会令客户感到困惑，因此更有可能促成销售。

报价单看似过时、流程迟缓、并非必要，但事实上，对客户来说这是一项重要的服务，能够帮助我们达成交易。

优秀的销售人员会在休息时间查看他们的数据库，回顾客户的问题和所需要的解决方案，然后向客户发送定制化的报价单。这样的销售人员能够完成更多的销售。为什么？因为他们花时间考虑客户的故事，澄清他们的困惑，促使他们做出决定。

▶ 每日提示

　　在报价单或其他销售材料中回顾客户的故事，给他们一份简单的文档，消除他们的困惑，帮助他们做出决定。

46　如何达成销售

优秀的销售人员会充满信心地号召客户采取行动。

我高中时认识一个家伙，他跟所有的漂亮女孩约会过。他总是一副绅士的样子，上前跟她们搭讪，引得她们开怀大笑。如果他对她们有意思，他就开口约她们出去。他一点也不感到害怕，女孩们都喜欢他。她们喜欢他轻松幽默的态度，不会感到有压力。他似乎也不在乎被拒绝。他表现得很轻松，这样女孩们就不会因为让他难过而难过。她们也因此更喜欢他。

然而，我和我的朋友们都把这些萌芽状态的关系看成天大的事。我们相信，如果我们约一个女孩出去，而她拒绝了，她就再也不会和我们说话了，或者会告诉她的朋友我们是变态。相反，我们努力摸清情况，问一些令人困惑的问题，比如：她用的是哪种洗发水？她是自己系蝴蝶结的吗？以及各种各样的奇葩问题（如果你想和女孩约会，能够提出的最糟糕的问题）。

有一次，我们问这个家伙，是怎么能够这么大胆地和女孩们说话的。他笑着说：伙计，别把事情看得那么严重嘛。

这不仅是关于约会的好建议，对生活也是很好的忠告。

我花了很多年才意识到约会只是约会，而被拒绝是生活的一部分，不必为此感到难过。

我相信销售也是如此。人们对约会感到紧张的原因，和一些销售人员害怕达成交易的原因是一样的。他们害怕被拒绝。他们把事情看得太严重了。

事实上，如果你不是个令人讨厌的家伙，以最大的尊重对待别人，并且相信你能使身边的人受益，那么销售互动就不是一件沉重的事。

销售是生活的一部分，没有必要感到尴尬。如果我们能完全以销售人员的身份生活，勇敢地告诉每个人我们销售什么、我们的产品解决了什么问题，请人们向他们的朋友介绍我们的产品，我们就能做得更好。

如果我们想成为优秀的销售人员，就必须克服对被拒绝的恐惧。

销售过程中最重要的部分就是召唤行动，每个销售人员都知道这一点。但是，只有专业的销售人员才会热爱这种感觉，他们将销售理解为对世界的服务，不会让服务的对象感到沉重。

当我与一位潜在客户（或者朋友、家人或公交车司机）交谈时，我经常对他们说："人们需要你帮助他们发展自我。重返校园的成本太高了，你应该让他们注册我的线上学习平台'商业至简'。他们会成为杰出的商业人士，并感受到你的关心。"

为什么我总想让人们了解我的产品？因为我在大学里挣扎了好几年，却没有学到我需要的东西，没能让我在组织中成为一个有价值的人。

在通过书籍、朋友和失败学习到我需要的东西，成为一名成功的企业家之后，我想让这个过程变得容易一些，让别人少走弯路。我相信我的产品。我相信我能解决这个世界上的一个严重问题，我不羞于让别人知道。简言之，我相信我可以邀请人们进入一个故事，这个故事将改变他们的生活。我为什么要不好意思呢？

你相信自己销售的产品吗？你相信你能解决客户的问题并改变他们的生活吗？如果答案是否定的，那就辞职吧。我是认真的。离开这家公司，去找一个你相信的使命。

我可以给你讲上一整天的销售课程，但是如果你不相信你自己或你的产品，这些都没有用。

销售人员在达成交易时遇到的大多数问题都是心理上的。他们的问题源自把拒绝看得太严重，因此把对话搞得很尴尬。他们的问题源自不相信自己。他们的问题源自不相信他们的产品。

当我们相信自己和我们的产品时，我们不会在恐惧中行动——相反，我们会充满信心地号召客户采取行动。

▶● 每日提示

　　不要害怕被拒绝，要充满信心地号召客户采取行动。

价值驱动型专业人才

通过掌握每一种核心竞争力

来提升你个人的经济价值。

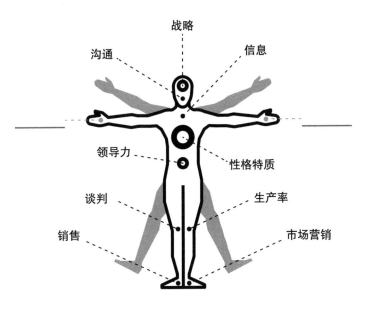

第九章

谈判至简

引言

你已经培养了合格的专业人士的性格特质，学会了让团队围绕一个使命团结起来，提高了个人生产率，阐明了信息，了解了如何创建销售漏斗，成为了一名出色的沟通者，并且学会了做销售。现在，让我们来学习如何成为一名出色的谈判家。

每名专业人士都在不停地谈判，无论他们是否意识到了这一点。跟老板谈薪水，跟助理谈日程安排，跟供应商谈合同，甚至包括跟朋友谈去哪家餐厅吃午饭。

任何时候，当你发现自己在为了赢得一笔交易或者解决一个问题而进行战略沟通时，要明白，那都是在谈判。

一名优秀的谈判家每年能为公司创造或节约数百万美元。因此，任何一名理解谈判框架的团队成员都会极大地提升他们在组织中的价值。

遗憾的是，大多数专业人士在谈判时根本没有意识到自己在谈判。在进行与决策有关的谈话时，他们还以为自己只是在谈话。正因为如此，大多数专业人士无法得到他们自己或公司想要的东西。

只有不到10％的在职专业人士接受过关于谈判的培训。

这为我们其他人提供了一个增加我们个人经济价值的战略机会。

约翰·劳里（John Lowry）在我们的平台教授"谈判至简"课程。他说，如果你没有使用一个战略性的谈判框架，就很可能会失败。

他是对的。

谈判时，不要相信直觉。要相信经过检验的过程。

在接下来的四天里，我将向你介绍约翰在"商业至简"平台和佩珀代因大学法学院（Pepperdine Law）教授的谈判课程中的四个要点。

我上过三次约翰的课。每次上这门课，我都能学到新东西。事实上，他的课教给我一些重要方法，我将这些方法用在合同谈判中，净赚了数百万美元。

我整理了约翰的课程中我最喜欢的四个要点，因为这四个要点直接为我赚了钱或者省了钱。如果你理解了这四个要点，你将成为一名比几乎所有你认识的人都更加出色的谈判家，而一名好的谈判家在任何团队中都是有价值的成员。

47 谈判的两种类型

优秀的谈判者理解谈判的两种类型——合作性谈判和竞争性谈判。

并不是每个人都以同样的方式看待谈判。有些谈判模式像是要在比赛中分出胜负，另外一些则试图找到一个双赢的解决方案。

事实上，在一场长期谈判中，谈判模式会从双赢转向有输有赢，如果转变已经发生而你还不知道，无疑你会在谈判中遭遇挫折。

有输有赢的模式称为竞争性谈判模式，双赢的模式称为合作性谈判模式。

一般来说，如果谈判的一方是竞争性的，而另一方是合作性的，那么竞争性的谈判技巧会赢，合作性的谈判技巧会输。几乎总是如此。

但是，这并不意味着竞争性的谈判者总是赢家。如果两名谈判者进入一场谈判，有人赢，就必定有人输。

在竞争性谈判模式下，谈判者不仅需要对结果感到高兴，他们还需要你不高兴。在竞争性谈判模式下，谈判者直到看到你输了，才会感觉自己赢了。

然而，在合作性谈判模式下，谈判者希望双方都能从交易中获益。

所以，规则是这样的：如果你在合作性模式下，发现你的谈判对象采用的是竞争性模式，那么你应该立刻切换到竞争性模式。为什么？因为他们不是在追求双赢。为了制造双赢的局面，你需要让他们进入你的模式。

那么，应该怎样做呢？最近，我谈了一笔购买商业地产的交易。我默认的谈判模式是合作性的，所以我总是在寻求双赢。但是很明显，与我谈判的团队对于我想要什么不感兴趣，他们只想得到他们想要的东西，所以我很快将我的谈判模式调整为竞争性的。我们反复讨价还价，直到最终达到我想要的价格。但是，我没有跟对方握手，说"我们都赢了"，而是告诉他们这是很大一笔钱，我必须做出重大牺牲才能接受。我让他们知道我还希望价格可以更低，并再次询问他们是否可以降价。他们拒绝了。我同意了交易。

为什么我不能让他们知道，谈判已经达到了我想要的价格？因为如果他们知道我们都赢了，他们就会抬高价格。竞争性谈判者需要你输，只有当你让他们知道你输了时，他们才会感到满意。

这是欺骗吗？我不这么认为。事实上，为了达成交易，我必须做出牺牲。我当然希望以更低的价格买下这栋楼，如果他们想让我对交易感到不满，何乐而不为呢？毕竟，这是达成交易的唯一方法。记住，在竞争性模式下，谈判者在确定你输了之前是不会罢休的。

我们真正要说的是，需要在谈判中制造一条虚假的底线。在竞争性模式下，竞争性谈判者会一直压价，直到你再也不能让步为止，这时他们就会感觉自己赢了。

你不能太天真。在竞争性模式下，谈判者希望你输；在合作性模式下，谈判者希望双方都能赢。两种模式都有效，二者没有优劣之分。但是，如果你采用的是合作性模式而对方采用的是竞争性模式，那么，除非你对局面有清醒的认识，否则你就会输得很惨。

永远要知道你的谈判对象采用的是哪种谈判模式，并做出相应的反应。

▶▶ 每日提示

　　永远要知道你是处于竞争性谈判还是合作性谈判之中，并做出相应的反应。

48　提供额外收益

优秀的谈判者会提供额外收益。

并非所有的谈判都是理性的。人是很复杂的，而且在谈判过程中往往会牵涉到情绪问题。人们会受到很多因素的激励,不仅仅是金钱。

在我创办公司的过程中,我必须设法吸引那些通常只想在大公司工作的顶尖人才。我开始列举在我们的团队工作的"其他好处"。一个原因是,我们显然致力于一项有意义的使命,这对他们很有吸引力。另一个原因是,对于每个职位,我们能够提供比薪水更有价值的东西。我们可以为他们提供一个小平台,或是个人影响力的提升,或是在家办公的机会,或是与一群高效能人士共事的能力。我们之所以能够在公司创办之初组建一支如此出色的团队,一个办法就是强调加入我们的团队将获得额外的价值。

教授"谈判至简"课程的约翰·劳里称之为额外收益。

当你谈判时,问问自己还有哪些因素可能起作用。卖家是否想把车卖给一个像她一样喜欢它、爱护它的人?如果你是会好好保养车子的买家,一定要说清楚你会怎样做。如果买家知道这就是猫王(Elvis)死前吃过的那罐花生酱,他愿意付更多的钱吗?如果你是在跟猫王的一个超级粉丝打交道,这就是一项重要的额外收益。

有一次,我在谈一笔大生意时创造了一个双赢的局面。我邀请一位著名演说家在我的活动中演讲,作为交换,我同意帮助他精心加工演讲的内容,以便日后写成一本书。这位演说家是因为我付给他很多钱而来的吗？不，他来是因为我能帮助他整理素材和未来的书稿。

约翰·劳里是对的。几乎总是有一些额外收益。一名好的谈判者明白，谈判不仅仅是关于数字的，也是关于交易结束时给人带来的满足感，包括情感上的满足。

你是否养成了在谈判中寻找额外收益的习惯？

▶▶ 每日提示

> 谈判时，寻找你能够给对方提供的额外收益，这有助于达成交易，并使交易更令人满意。

49　提出最初报价

优秀的谈判者会用最初报价来确定谈判的重心。

关于是否应该在谈判中先开价的问题，学者们经常存在分歧。不先开价的逻辑是这样的：如果等着对方先开口，你就能知道他们想要什么，发现达成交易所需要的线索。

这是有道理的，因为通常，你不知道对方考虑的范围有多大。但是，如果让对方先开价，你会失去某些我认为更有价值的东西——你会失去为谈判确定重心的能力。

确定谈判的重心意味着你把一个数字摆上桌面，希望其他反对的声音围绕着这个数字打转。

例如，如果你要购买一辆新车，经销商会在车窗上标出一个数字，最后的成交价格几乎总是非常接近这个数字。比如，这辆车想卖 35 000 美元，你还价到 34 000 美元，感觉自己得到了 1 000 美元的折扣。但是，如果最初报价（车窗上的贴纸所标）比经销商愿意接受的价格高出 5 000 美元呢？这意味着他们实际上多赚了 4 000 美元。当你先开价时，从那一刻起，你就为接下来的对话设定了基数。这是一种战略优势。

不过，假设你不能先开价（比如房子和汽车，在你开始谈判之前就已经设定了最初报价）。如果是这种情况，你可以提出一个反报价，来调整谈判的重心。反报价不如最初报价有力，但仍然是有帮助的。

有时候，掌握一些有助于调整谈判重心的信息，能够让对话重新开始。我有一个在汽车行业工作的朋友（我的朋友销售一款软件，许多汽车经销商都用它来跟踪库存），最近到一家豪华汽车经销商的店里，想买一辆新车。销售人员的报价是 9 万美元。然后，我的朋友拿出一份打印出来的报告，说明经销商购买这辆车的价格是 6 万美元，而他觉得 7 万美元是一个合理的价格，经销商可以有 1 万美元的利润。这条信息让谈判的重心向我朋友这边倾斜。最后，他花

72 000美元买下了这辆标价 9 万美元的汽车。

无论是否先开价，通过把不同的报价想象成影响重心的数字，能使交易更加倾向于令你满意的解决方案。

▶ 每日提示

提出最初报价，设定谈判的重心。

50 避免情绪化

优秀的谈判者会转移关注点，以避免情绪化。

正如前面提到的，在谈判时，我们不是完全理性的人。因此，当我们为自己想要的东西进行谈判时，应该确保自己不会被情绪所左右，做出糟糕的决定。

我们都曾经在谈判中发现，无论我们想要的是什么，我们总是特别想要得到它。

无论是一栋房子、一辆汽车、一个新的团队成员，还是一段关系，在谈判中，优势总是突然转到对方手上。我们想要不惜一切代价得到它。

在谈判中，这是一个很糟糕的处境。

但是，当我们被情绪所左右时，应该怎样做呢？一个好办法是找到其他选择，转移关注点，这样我们就不那么容易被冲昏头脑。

举个例子。几年前，我和妻子想买下邻居的房子，开始和对方谈判。我们的计划是买下他的房子，拆掉重建，把我们现在的房子用作客房。我们每年要接待 200 多名过夜的客人，所以我们需要空间。

事实上，我们的邻居要价太高了。他的评估价是基于城里一处更受欢迎地段的类似房产得出的。尽管如此，我还是发现自己在后院散步时，想象着我们梦想中的家就在邻居的房子所在的地方。我必须努力控制自己，不要直接跑去给邻居钱。

不过，我记住了约翰·劳里在他的课上教我的东西：当你陷入情绪化时，转移关注点，开始寻找其他选择。

如果我们觉得正在谈判的东西是唯一的，我们就会产生一种稀缺心态，情绪的杠杆就会失衡。

我没有去向我的邻居提出报价，而是打电话给我的房产经纪人，请他为街道另一头的 15 英亩土地提出一个很低的报价。我几年前就发现了那处房产，但是它远远超出了我们的预算，所以我从来没有询过价。

我的房产经纪人不情愿地为这处房产提出了报价（我说不情愿，是因为我的报价太低了，我的经纪人甚至认为这可能是一种侮辱）。令我们惊讶的是，卖家想谈谈。几个月后，我和妻子用要价的三分之二买下了这处 15 英亩的土地。我们简直不敢相信。

有意思的是，你会特别想要某件东西，因为觉得没有更好的了，但是一旦你转移关注点，你就会重新找到平衡，意识到稀缺心态会让你付出什么样的代价。

重要的是，不要对某件东西过于执着。过于执着会让你失去平衡，做出糟糕的决定。世界上还有很多好的选择。在开始谈判之前，确保你知道这些选择是什么。

▶ 每日提示

在开始谈判之前，不要把关注点都集中在一个机会上，以避免情绪化。

价值驱动型专业人才

通过掌握每一种核心竞争力

来提升你个人的经济价值。

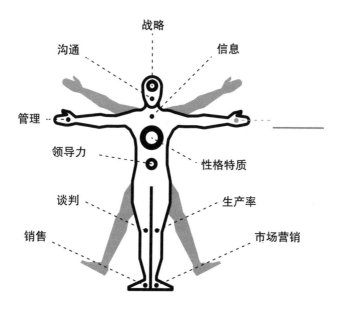

第十章
管理至简

引言

到目前为止，我们已经涵盖了价值驱动型专业人才的八种核心技能：领导力、个人生产率、战略、信息、营销、沟通、销售和谈判。毫无疑问，我们比刚开始时更有价值了。现在，让我们进一步提升这个价值，谈一谈我们当中大多数人每天都要做的一件事：管理。

管理就是帮助其他人取得成功，这样整个团队才能取得成功。作为管理者，如果对成功的含义没有明确的概念，或者当他们帮助整个团队取得成功时，对每个团队成员个人的体验没有明确的概念，肯定是不受欢迎的。

简言之，我们之所以相信专业领导者，有两个原因：

1. 他们知道自己在做什么，能够帮助团队取得成功。

2. 他们关心团队中的每一个人。

优秀的管理者能够分析团队成员的技能和天赋，围绕团队设计一项成功的计划。

在第十一章中，我们将讨论如何创建和运行一套执行程序。事实上，我认为管理和执行是一枚硬币的两面。管理是创造性地给正确的人分配正确的任务。管理是创建系统，执行是管理这些系统。

优秀的管理者会构思出一个系统或过程，然后遵循或执行它，直至取得良好的效果。

管理者无处不在，即使他们不被称为管理者。每个能够自主改进工作的团队成员实际上都是管理者。他们是管理者，因为他们必须识别什么是重要的，并创建一套流程，更快、更好地完成重要的任务。

即使你在自己的公司独立工作，你也是一个管理者。你必须以更明智、更快、更好的方式工作，才能创造有形价值，将成功的机会最大化。

当然，必须记住，当我们进行管理时，不仅是在管理系统，而且是在管理那些系统中的人。

在接下来的五天里，我将向你介绍"管理至简"框架，帮助各个层次的管理者提升管理技能。从第一次做管理的新手到经验丰富的专业人士，都能从中获益。

"管理至简"框架是一套独特的管理方式，它超越了人员管理的软技能，进入到构建高效团队的竞技场。

"管理至简"框架背后的目标是给每个团队成员一个他喜欢的管理者，给每份损益表一条标志着胜利的底线。

51 确定优先事项

优秀的管理者会确定优先事项。

管理者的首要任务是清楚地了解自己部门的优先事项。为了做到这一点，我要确保公司每个部门的每个管理者都知道他们的产出是什么。无论是销售合同、潜在客户、现有课程还是用户续订，每个公司的每个部门都是为了增加利润而存在的。无论这个部门是负责什么的，优先事项都应该是这个部门的基石。通过决定优先事项是什么，你就为自己和团队的每个成员定义了一个焦点。

这听起来好像是细枝末节。但是，与我交谈过的管理者中，有一半不知道他们部门的产出是什么。而且，即使他们自己很肯定，当我和他们的团队成员单独谈话时，也会得到不一样的答案。

没有人能读懂管理者的心思。几乎每一天，管理者都必须告诉团队成员他们的焦点应该是什么。

在定义部门产出的时候，管理者犯的另一个错误是定义模糊。一个客户服务团队的管理者可能会说："我们的产出是客户满意度。"听起来不错，但是很难衡量，更让人不知道应该如何生产。

"制造微笑和快乐"是很好的营销文案，但是一个好的管理者需要更加实际。

例如，客户服务部门的管理者应该制定一些更加有形的目标，比如：在接到客户服务申请的 30 分钟内 100％响应。如果知道请求在 30 分钟内得到响应能够显著提高客户满意度，那么团队就知道如何从局部做起，提升整体的绩效。

我知道这听起来像是咬文嚼字，但是咬文嚼字很重要。作为管理者，我们必须清楚地定义我们的部门（或公司）的产出是什么。

在决定你的部门（或公司）的产出是什么时，重要的是无论你的选择是什么，都必须具备三个特点：

1. 必须是可衡量的。

2. 必须是有利可图的。

3. 必须是可扩展的。

可衡量

你知道你的产出是什么吗？能够衡量它吗？

如果我们经营的是一家餐馆，我们想要衡量的是烹饪和上菜需要的时间，因为如果不这样做，菜品可能就会冷掉，食客就会不满意。

如果我正在面试一位管理者，而他告诉我，他要做的第一件事就是"将能够为公司创造价值的流程进行分解，然后衡量各个部分，确保团队能够完成各部分的任务"，那么他就会脱颖而出。这是因为，作为管理者，他知道自己在做什么。大多数管理者认为他们的任务是管理人，从不考虑流程，但是只有当人们了解了清晰的流程和优先事项时，才能产生最大的价值。

有利可图

无论一个部门的产出是什么，都必须与组织的利润直接相关。

比如，我的部门是负责组织活动的，但是只组织活动是不够的。我们必须组织有利可图的活动。如果我的活动负责人认为他们的工作只是组织活动，他们就有可能组织 50 场没有利润的活动，让公司陷入破产。

这一点很重要，因为很多管理者实际上就是这样做的。他们把自己的工作看成老板交给他们的一系列任务，觉得自己只要执行任务就行了。这不是管理者，而是低级别的工人。管理者必须时刻注意他们的产出对收入和利润有何影响。

如果一个管理者不考虑收入和利润，而一个为他工作的下一级管理者却考虑了，那么这个下一级管理者很快就会接替他的工作。

利润是一个公司的底线。如果公司没有盈利，公司就会倒闭，所有人都会失业。首席执行官和公司总裁知道这一点，他们会与那些理解这种压力的管理者产生共鸣。

可扩展

最后，无论你的产出是什么，都必须是可扩展的。对于那些不想扩大规模的企业来说，可能并非如此，但是对于我们大多数人来说，这一点至关重要。如果一个管理者创造了一种生产流程，却不能扩大规模，无法创造更多的利润，组织的发展就会受到限制。

你能否雇用更多的人来扩大产出？你设计的流程是否取决于你或其他员工的个性或技能？你的流程是否清楚明确，任何人都能加入团队、执行这些流程，从而扩大产出？

价值驱动型专业人才知道部门的具体产出是什么，这是他们管理部门的基础。因此，无论他们决定生产什么，其标准都必须是可衡量的、有利可图的和可扩展的。

在我看来，知道要生产什么，并确保产出是可衡量的、有利可图的和可扩展的，是管理者工作的重要组成部分。

遗憾的是，很少有管理者知道这是他们工作的一部分。大多数新手管理者每周与他们的直接下属开会，只会问一个问题："我们做得怎么样？"这似乎是一个深思熟虑的问题，但是它一点帮助也没有。这个管理者的直接下属不知道他们应该生产什么、应该关注什么，也不知道如何衡量他们的绩效。

一个只喜欢社交的管理者更感兴趣的是被人喜欢，而不是被人尊重和信任。虽然这能让管理者自我感觉良好，但是对团队成员和组织的利润来说却是一件糟糕的事。

每个人都想成为一项宏大使命的一部分，创造一些有价值的东西。人们喜欢衡量他们的进步，在一年结束的时候，看到他们创造的东西又有了新的进展。

管理者不应该只想被人喜欢。他们应该致力于创建一个团队。在团队中，每个成员都能基于可衡量的绩效表现，感受到自己的价值和重要性。

通过清晰地定义部门的产出是什么，然后让团队通过完成可重复的、具体的任务来创造这种产出，我们既会被人喜欢，也会受到尊重。

一个好的管理者会基于这些数字问："我们怎样才能做得更好？"管理者和他们的直接下属都要为这些数字负责。

定义每个部门的产出，能够让目标和期望变得清晰。清晰地定义期望，能够让管理者赢得信任和尊重。

▶▶ 每日提示

　　优秀的管理者知道如何定义可衡量的、有利可图的和可扩展的具体产出。

52 确定关键绩效指标

确定你要衡量的关键绩效指标。

一个优秀的管理者接下来要做的是确定和衡量关键绩效指标。

优秀的管理者喜欢衡量事物。他们像喜欢人一样喜欢数字，因为数字告诉他们如何为团队制定目标、如何促进团队的发展，以及何时庆祝团队的胜利。为你工作的团队总是想知道他们做得怎么样，只有围绕关键绩效指标衡量进展，你才能告诉他们答案。

定义了我们的部门产出是什么之后，我们就必须衡量能够创造这种产出的因素。

通过决定衡量什么，我们告诉自己和团队成员哪些具体的日常任务是重要的，从而知道一个团队成员负责哪些具体的、可重复的任务，这样一来，目标更加清晰，也为管理者带来信任和尊重。

在此之后，就要找出能够创造这种产出的领先指标。领先指标是那些能够创造成功的行动，而对成功的衡量则是滞后指标。

例如，"1月份的销售量是 1 000 件"是一个滞后指标。

这些销售量已经实现了，没有办法再增加，因为这个月已经结束了。

确保我们的销售代表每天打 15 个电话是一个领先指标，这个指标能够创造滞后指标。这就是为什么优秀的管理者对领先指标和滞后指标同样关注：因为领先指标能够创造滞后指标。

假设我刚刚被任命为销售经理，我的首要任务就是找出哪些指标能够创造销售。比如，领先指标可以是打电话，因为这样做能够带来潜在客户。我可能还会发现，当我们配合首次致电自动发送电子邮件时，销售量会上升。如果我们继续提出正式报价，销售量还会进一步上升。那么，我们应该衡量什么？答案就是：潜在客户、首次致电、电子邮件和发送的正式报价。

我可能进一步发现，涉及顶层交易时，如果首席执行官给客户致电支持我们的报价，能够多达成 70％ 的交易。所以，征得首席执行官的同意后，我把这也列为一项领先指标。

优秀的管理者知道如何将过程分解为各个部分，衡量整体中每个部分的产出。

但是，衡量积极指标并不是唯一的优先事项。优秀的管理者还要管理潜在的问题。他们想知道生产线何时最有可能发生故障，衡量各台机器的使用时间，以免触发维护警报，导致停机。

如果我们不衡量增加产出的具体指标，我们的人员和部门的关注点就是随机的。而随机很少能带来好结果。

优秀的管理者就像教练。他们向自己的球队解释比赛规则，给球员提出具体的指导，帮助球员表现得更好并赢得比赛。

一个只会为球队加油的管理者不是教练，而是拉拉队队长。教练设计比赛，给出具体的指导，并与球队合作制定战略，赢得胜利。

为了确定什么是关键绩效指标，需要对产品的各个组成部分开展逆向工程。

例如，如果某个部门的任务是社交媒体上的产品推广，那么关键绩效指标可以是：

1. Instagram、Facebook 和 Twitter 上五篇具体、实用的帖子，突出产品的优点。

2. 三篇客户留言，分享产品带来的变革力量。

3. 每个月两份直接报价，包括提供一份即将到期的赠品。

当然，这些具体的组成部分最后会带来订单。如果能连续达到这些关键绩效指标，无疑将对公司的利润产生积极的影响。

最后要注意一点。每个领先指标都应该有一个可供比较的标准，这样的标准能够帮助你了解是否完成了每天、每周或每月的目标。如果我们本周应该打 100 个推销电话，但是只完成了 75 个，我们就应该分析情况，看看哪里需要调整。是我们的期望太高了？还是我们的绩效太低了？这些都是困扰优秀管理者的问题。

要知道，本质上，你的关键绩效指标是为了充分理解这一套机制是如何运行的，以便衡量其效率和产出。

如果没有衡量，你就只能猜测。如果你用猜的，那么，总会有人知道要衡量什么，他们就会取代你的工作。

不要让这种事情发生。

弄清楚要衡量什么，然后致力于提高你或你的部门产出的数量和质量。

有些人认为，这种管理理念是把人变成机器上的齿轮。但事实并非如此。我们真正要做的是打出公开的记分牌，让每个人都能理解规则、享受比赛。

优秀的管理者知道如何将他们的工作打造成一场比赛，进而引导团队成员走向胜利。

▶▶ 每日提示

确定哪些关键绩效指标能够成功地生产出你的最终产品，然后衡量这些指标。

53 创建精简的流程

创建能够提升活动产出比的流程。

现在，我们知道了应该生产什么，衡量了能够创造这一产出的领先指标，接下来就要提高我们负责管理的这一套机制的效率。

价值驱动型专业人才和普通团队成员之间的区别在于，价值驱动型专业人才会创造性地思考如何提高这套机制的性能。

价值驱动型专业人才能够创造机制、衡量产出，然后调整引擎，提高其效率和生产率。

但是，如何让你的机制更有效率呢？只要问一个问题：我们如何做得更好？

与你共事的大多数专业人士都很聪明，所以不要在真空中改进你的流程。召开一系列会议，与团队成员一起分析流程，并回答一个问题：我们如何做得更好？有洞察力的可能是你的团队，而不是你。此外，当你让团队参与进来时，你会得到更多的支持，改进你做事情的方式。

让机制更有效率是伟大管理者的标志。雷·克罗克（Ray Kroc）在买下麦当劳之后，用粉笔画出了他的餐厅，确保每个团队成员都知道，在哪个特定的位置上应该完成哪些特定的任务，以销售更多的汉堡包。

虽然我们大多数人并不经营快餐店，但是，分析我们的流程，创建能够提高活动产出比的系统，会让我们赚到更多的钱。低效率浪费了很多金钱，知道这一点并能解决这一问题的管理者会被赋予更多的责任。

再强调一次，让机制更有效率就是要提高活动产出比。我们总是在问自己，如何从活动中获得更高的产出。这个问题的答案可能是，在你的车间里移动机器设备的位置，这样工人和零部件就不用移动那么远。也可能意味着将某些任务分包出去，或者砍掉某条疲软的产品线，为更加有利可图的活动节约资源。

潜在的问题是：如何在不降低质量或增加活动的情况下提高产出？

为了提高你所在部门的效率，需要问的另外的问题是：我们部门的限制因素是什么？如何消除这一限制？

你是否花了太多时间给没有资质的客户打电话？是否每

个人都在排队等着用同一台机器？应该再买一台吗？某个团队成员的表现是否没有达到标准？你负责运行的机制发生故障的原因是什么？

一个优秀的管理者每天都会问这些问题，然后做出必要的改变，以提高活动产出比。

▶ 每日提示

　　找出哪些限制因素在拖你的后腿，提升你自己和部门的产出和效率。

54　提供有价值的反馈

尽早并经常性地提供有价值的反馈。

我们要创建和改进的流程是通过提供有价值的反馈来建立和维持的。有一次，我和我的首席运营官观摩了西雅图海鹰队的训练，球队在训练中表现出的高效给我留下了深刻的印象：他们在45分钟内完成了在接下来的比赛中需要经历的一切。队员们听到几声哨响就迅速进入兴奋状态。所有的训练内容都已经成为肌肉记忆，像瑞士钟表一样精确地运行。

不过，真正让训练卓有成效的是最后发生的一幕：卡罗尔教练让队员们围在一起，庆祝胜利。为什么？因为你永远不能把人变成机器，他们必须感受到人与人之间的联系和别人的肯定。

人比机器复杂得多，也神奇得多。机器无法评估大千世界的美、价值或意义。机器不会以有感情的方式同情你、关心你的幸福。

因此，优秀的管理者知道，员工是他们最有价值的资产；当他们努力制造越来越好的机器时，他们会特别关心制造这些机器的人。

在职场中，关心员工的正确方式包括让他们知道自己作为团队成员的表现。这要求你给予他们表扬和建设性的反馈。

在给予表扬时，要具体说明团队成员是因为做了什么而受到表扬。当我们说"干得好"时，不应该假设团队成员知道他们应该重复工作中的哪个方面。要点明"在压力下保持冷静"，或者"花额外的时间去把事情做好"，这样的评价才更加具体。

表扬我们的团队成员很容易。遗憾的是，表扬只是管理的一半。另一半是提供建设性的反馈。

许多新手管理者根本不敢给出建设性的反馈。他们不介意表扬他们的团队成员，但是涉及批评，可能感觉就很沉重了。正因为如此，从团队成员的角度来看，他们对待个别团队成员的态度是这样的：

"干得好，干得好，你被解雇了。"

作为管理者，我们想以团队成员能够接受的方式给予他们批评性的反馈，让他们消化吸收学到的东西，成长为价值驱动型专业人才。

提供良好反馈的关键是，始终要为你所指导的团队成员着想。如果一个团队成员对评价的感觉是一片空白，那么他是无法接受反馈的。

我们都见过篮球和足球教练对他们的球员发脾气，有时候他们还在国家级的电视台上直言不讳地批评他们的球员。但是，大多数球员仍然崇拜他们的教练。为什么？这是因为我们没有看到的事实：教练已经向球员清楚地说明，他们如此急切地纠正球员的行为完全是为了球员好，他们希望球员在比赛和生活中赢得胜利。

如果一位管理者毫无疑问是为被批评者着想的，那么任何人都会愿意（并且渴望）接受他的批评。

在给予批评性的反馈时，以下是一些需要遵守的一般规则：

1. 尽快给予反馈。

2. 让团队成员了解你身上发生了什么。

3. 用不同的方法（并探索更好的方法）在团队成员头脑中"重建"场景，这样团队成员就知道下次应该如何把事情做对。

4. 提醒团队成员你是为了他们好，希望他们和团队取得成功。

仅仅让团队成员知道他们失败了是不够的。团队成员需要知道他们失败了，然后得到明确的指示，让他们在未来取得成功。

作为管理者，如果我们只是想利用员工，我们可以在他们成功时表扬他们；如果他们经常失败，就解雇他们。但是，如果我们要为员工着想，我们就要表扬他们的成功，并教给他们实用的工具，帮助他们一次又一次地取得成功。怎样才能做到这一点？通过给予表扬和建设性的反馈。

▶▶ 每日提示

给予每个团队成员表扬和建设性的反馈。

55 要当教练，不要当拉拉队队长

优秀的管理者是教练，而不是拉拉队队长。

教练和拉拉队队长有一个共同点：他们都希望球队能赢

得胜利。

而这就是他们全部的共同点了。

遗憾的是，大多数企业领导者聘请商业教练时，得到的不是教练，而是拉拉队队长。

教练将他们的业务知识传授给团队成员，从而在一个不断发展的组织中复制他们自己。即使团队成员不想成为管理者，他们对管理者如何做事情，以及为什么要这样做的理解也会创造一种共识和归属感。拉拉队队长为球队加油，而教练指导球队走向胜利。

当然，拉拉队队长没有任何问题，但是光有拉拉队队长不足以让团队（或个人）走向成功。

教练和拉拉队队长之间的区别在于，拉拉队队长为你加油，而教练会给你具体的指导和目标，然后帮助你在工作中学习和运用这套框架，取得成功。

作为专业人士，如果有幸拥有一位优秀的商业教练，你必定会取得成功。

确保我们的团队中有一位教练。优秀的管理者知道如何指导团队。

优秀的商业教练有以下五个特点：

1. 他们希望每个团队成员都能在工作和事业上取得成功。

2. 他们对每个团队成员的技能和动机做出诚实、客观的评估。

3. 他们教给团队成员实用的框架和技能，而不是期望团队成员无师自通。

4. 他们提供日常的、安全的、建设性的反馈，帮助团队成员做得更好。

5. 他们表扬团队成员个人的成功，肯定他们身份的转变。

想象你在组建一支高中篮球队。训练的第一天，教练让球员们排好队，对他们说：赢得一个赛季很简单——作为一支球队，你们必须得到比其他球队更高的分数。然后，教练解释说：如果你们的得分没能超过其他球队，你们就要承担责任；但是别担心，因为如果你们做到了，你们就会得到表扬和奖励。

就这么简单。

显然，这支球队注定要失败。为什么？因为这支球队没有教练，只有拉拉队队长。

教练向团队解释比赛是如何进行的，具体评估每个团队成员的天赋，把他们安排在正确的位置上，通过传授实用的、可重复的技巧帮助每个团队成员进步，然后指导每个人实现个人的转型，让他们成为最好的篮球运动员。

在商业世界中，很少有专业人士从一开始就知道有效的商业框架是什么样子，更不用说教给他们的团队成员了。大多数企业没有管理者（教练就更少了），只有拉拉队队长。这种情况必须改变。

作为管理者，把你从本书中学到的框架教给你的团队成员。帮助他们理解企业这台机器是如何运行的，让他们了解自己已经拥有哪些有价值的技能，还有哪些技能需要改进。

团队成员喜欢拉拉队队长，但他们也喜欢并尊重教练。一名优秀的管理者就是一位好教练。

▶ 每日提示

成为团队成员的教练，教给团队成员一套框架，帮助他们取得成功。

价值驱动型专业人才

通过掌握每一种核心竞争力

来提升你个人的经济价值。

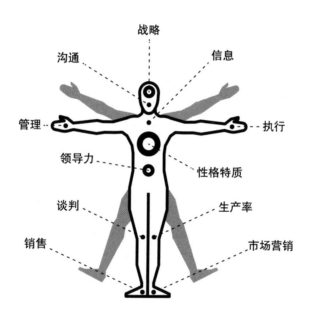

第十一章
执行至简

引言

现在，我们已经为自己培养出合格的专业人士的性格特质，创建了我们的使命宣言和指导原则，提高了个人生产率，明白了企业是如何运行的，阐明了信息，学会了如何做演讲，了解了销售漏斗的功能，掌握了帮助我们销售产品的框架，成为了更好的谈判家，并且成为了值得尊重的管理者。现在，让我们来学习如何执行，以确保我们的团队充满激情且拥有高生产率。

团队成员的执行能力是我最看重的特质。

我们可以花一整天坐下来讨论创意，但是只有把创意变成产品，卖给客户，才能推动公司前进。

我们已经知道了如何创建良好的管理流程，那么，如何确保这些流程得到执行呢？

如果没有一套执行系统，团队成员的工作就会陷入迷雾。

价值驱动型专业人才能够通过建立和管理一套执行系统来驱散迷雾，带来光明。

在我的团队中，管理执行系统的团队成员是薪水最高的。为什么？因为他们确保我的团队中的每个成员都处于最高水平。

只有等到产品上架、销售团队配备了所需的资源、营销活动正式开展，公司才能开始赚钱。除非任务真的完成了，产品开始产生收入和利润，否则所有人花费的每一丝一毫的精力都是浪费。由于缺少良好的执行系统，每年都有大量的精力被浪费掉。

如果说"管理至简"设计了一套创造有利可图的产品和服务的流程，那么"执行至简"就是要管理这些流程中涉及的重复性的（以及相互关联的）交互。

"执行至简"框架的步骤如下：

1. 召开会议来启动一个项目或倡议。

2. 让每个团队成员填写一张"单页"。

3. 每周进行"进度检查"。

4. 记录成绩并衡量你的成功。

5. 庆祝团队的胜利。

一位商业大师知道如何推动一个流程，直至它的完成。运用"执行至简"流程框架，将使你成为每个组织都需要的团队成员——一个能够完成任务的团队成员。

56　召开启动会议

召开会议来启动一个项目或倡议。

你受委托主持一个项目。终于。你已经等了很多年，才得到这个级别的任务。你知道，如果完成了这项任务，你就能从组织中脱颖而出。这可能意味着加薪、晋升，甚至成为一个部门的负责人。那么，接下来，你应该怎么做？

像大多数人一样，你会列一份事无巨细的待办事项清单。虽然可能在一些关键目标上要向其他人寻求帮助，但是你会自己承担大部分责任，确保把每件事情都做好。

几周甚至几个月过去了，你开始搞不清楚老板真正想要的是什么。然后，你的部门遇到了一个小危机。处理危机比你要启动的新项目更重要，所以你把新项目放在了次要位置上，回头再来处理。

一年后，这个曾经非常重要的项目在一次会议上出现了，你不好意思地解释说——其他优先事项似乎挤掉了它的位置。

老板很失望，在心里给你打上了"最多是中层管理人员"的标签。

遗憾的是，老板是对的。能够升到组织最高层的人，不一定聪明、充满激情、富有创造力，甚至不一定勤奋，但是他们每个人都知道如何完成任务。

那么，怎样才能完成任务？

要完成任务，就要将项目分解成各个部分，然后运用一套执行系统，确保每一部分都能被完成。

在开展一个重要项目时，不要相信直觉或凭本能行事。相反，要遵循一份详细的待办事项清单和例行程序，以确保项目按时完成。

在启动会议上，你要做的第一件事就是填写项目评估工作表。你可以在 ExecutionMadeSimple. com 网站上找到这个免费的工作表。项目评估工作表的四个问题将引导你：

1. 设定清晰的成功愿景。用清晰的语言，准确地定义你需要做什么。确保成功是可衡量的，这样当任务完成时你才能知道。

2. 任命领导者。确保项目的每个部分都有一个明确的领导者。如果项目的某个部分没有完成，应该有人直接负责。

3. 明确所需的资源。列出你和团队完成这个项目所需要的所有资源，分配人手去收集这些资源。

4. 创建带有关键节点的时间表。在公共空间展示时间表及重要节点的完成时间。

　　如果你召集团队成员召开战略执行会议，要在一次会议中回答所有四个问题，制作所有必要的材料。

　　在会议结束时，一定要宣布这个项目的启动是正式的。这将使团队成员对项目产生一种实实在在的心理记忆。它不是一个概念、思想、愿望或者梦想。它是一个已经启动的项目，有人在期待它的完成。

　　这里的关键在于，优先事项一定要明确。每个人都应该知道他直接负责项目的哪一部分、什么时候需要完成，以及为什么它很重要。

　　清晰是承诺的先决条件。除非你清楚要做什么、由谁来做、什么时候做，否则项目就会失败。

▶ 每日提示

　　召开启动会议时，填写项目评估工作表，这将帮助你设定清晰的成功愿景、任命领导者、明确所需的资源，并创建带有关键节点的时间表。

57　填写"单页"

让每个团队成员填写一张"单页"。

　　项目启动后，每个团队成员都应该非常清楚两件事：部门的优先事项和他们个人的优先事项。

无论启动会议多么成功，你和你的团队还是会遇到优先事项不明的迷雾，而它唯一的目标就是让你无法完成任务。

"执行至简"框架的第二步是给团队的每个成员分发一张"单页"（参见图 11.1）。你可以在 ExecutionMadeSimple.com 网站下载免费的"单页"模板。

让每个团队成员在启动会议上填写"单页"是个好办法。不必追求第一次就做到尽善尽美。"单页"是一份不断演变的文件。

随着项目的发展，越来越多的任务已经完成，优先事项会发生变化。

在我的公司，我们打印了很多大张的"单页"，制成展板，挂在每张桌子旁边。为什么？因为几乎每天、每小时，人们都会忘记他们的优先事项是什么。面对铺天盖地的电话铃声和步步临近的最后期限，大脑很难记住什么才是重要的。

每份"单页"都要尽可能简单。你和团队成员只需要回顾在启动会议上确定的"清晰的成功愿景"，然后列出每个部门和每个人的五个优先事项。

把每个团队成员的"单页"挂在公共空间，可以让团队成员分析彼此的优先事项、征求反馈，并让每个人切实地承

姓名

部门优先事项
1. _____
2. _____
3. _____
4. _____
5. _____

个人优先事项
1. _____
2. _____
3. _____
4. _____
5. _____

个人计划
1. _____
2. _____
3. _____

图 11.1

担责任、完成任务。

如果你喜欢，也可以使用电子版的"单页"，但是我们公司更喜欢纸质版的。我喜欢随时都能一眼看到"单页"，这样无论我们在用手机或电脑做什么，我们都会知道应该关注什么。

如果你愿意，可以把"单页"制成展板，挂在每张桌子旁边，这样每个团队成员都能看到。

"单页"完成后，每个人都会知道要完成哪些非常具体的任务，并对这些任务负责。

▶▶ 每日提示

　　让每个团队成员填写一张"单页"，明确他们个人和部门的优先事项。

58　每周进行进度检查

每周进行进度检查。

许多项目一启动便直接夭折了。发生这种情况，有两个原因：

1. 人们会因为其他重要的任务和职责而分心。

2. 人们会忘记新项目的细节和重要性。

为了实现在项目启动时就确定的"清晰的成功愿景"，必须形成常规和习惯，这些常规和习惯都是为了完成工作而设计的。

只有重复行动才能养成习惯。

要将行动转化为习惯，团队中的每个相关成员都应该在每周的进度检查会上回顾他的行动和优先事项。这个会议应该很简短，旨在让每个人保持快节奏和专注力。

可以把进度检查想象成橄榄球比赛中的"集合"。这不是战略会议。这是一个快节奏的会议，以确保团队中的每个人了解比赛和自己在比赛中的具体角色。

在每周的固定时间进行进度检查，不要跳过。这个会议最好站着开，这样就不会开得太久。

确保每个团队成员在开会时都带着他们的"单页"，这样就可以根据需要进行调整。

确保每个团队成员都为每周的例行问题准备好了书面答案。

让团队成员准备好书面报告，以确保会议简洁高效，并记录下一步的必要行动。

进度检查应该包括三项回顾和三个问题。

三项回顾：

1. 重申项目的"清晰的成功愿景"。

2. 回顾团队成员所在部门的优先事项。

3. 回顾团队成员个人的优先事项。

三个问题:

1. 回答问题:"每个团队成员都做了什么?"

2. 回答问题:"每个团队成员接下来要做什么?"

3. 回答问题:"是什么阻碍了团队成员取得进展?"

第三个问题是邀请团队成员寻求帮助。领导者的工作之一就是为团队成员清除障碍,帮助他们取得进展。

会议结束时,团队成员应该在精神上受到鼓舞,在行动方向上得到指示。管理者应该在完成进度检查后列出一份简短的待办事项清单,帮助团队成员清除障碍。

进度检查应该不超过 20 分钟,所以最好站着进行。坐下谈会拖慢这个会议,对于朝着"清晰的成功愿景"前进没有帮助。

重要的是,这个会议不能缺席、不能跳过。几乎可以肯定的是,如果跳过会议,清晰的成功愿景就无法实现。

如果你不能亲自参加进度检查会,可以通过电话或远程会议软件参加。

如果一个项目非常关键或处于危机之中,可以考虑每天而不是每周进行进度检查。即使因为会议如此频繁,优先事项和任务看起来"总是一样的",也没有关系,因为驱散了围绕着优先事项的迷雾，活动产出比仍将显著提升。

如果不召开进度检查会，你的执行计划就无法完成，你的项目或倡议就可能夭折。

团队必须保持惯性，例行的进度检查就是保持惯性的方法。

▶▶ 每日提示

> 与团队的每个成员每周进行进度检查，以保持惯性和责任感。

59　记录成绩

记录成绩，衡量你的成功。

为了健康和快乐，人们需要衡量自己的进步。如果期待人们取得成功，却不给他们衡量进步的方法，就会打击士气，令人抓狂。

最能鼓舞士气、激励团队的方法就是，让团队中的每个人都了解比赛规则，感觉到有人正在指导他们走向胜利，并且在公开记分牌上见证他们的进步。

"执行至简"框架的第四个方面就是创建公开记分牌。

销售团队的每个人本周要打多少个电话，完成得怎么样？内容团队的成员花了多少小时来编写新内容？客户服务代表能够回复多少服务请求？

在创建公开记分牌时，和每个团队成员都要坐下来，分析他们部门的优先事项。将这些优先事项分解为重复性的任务，完成这些任务，就能保证优先事项得到重视。然后，在记分牌上衡量这些重复性任务。

如果你的开发人员负责检查需求列表的代码段，与你谈话的程序员每周能够检查多少代码段？

与你的团队成员一起创建部门的记分牌。

在实现目标的过程中，你希望如何衡量你的进展？诸如此类的问题很重要，因为它们能让每个部门都对整个项目有一种主人翁意识。衡量的方式应该让团队成员感到舒适，甚至兴奋。

你可能受到衡量滞后指标的诱惑，但是不要这样做。滞后指标，指的是总销售额、新增潜在客户、产品出货量等指标。如果总销售额已经产生了，你就无法再增加销售，因为已经太晚了。

相反，要衡量领先指标。领先指标是为了影响滞后指标，团队成员能够采取的行动。如果你的滞后指标是总销售额，领先指标可能是拨打推销电话的数量。因此，在记分牌上应该衡量拨打推销电话的数量，而不是销售额。

在团队成员的进度检查表上，可以衡量一个以上的领先指标，但是注意不要超过三个。如果衡量三个以上的项目，人们就很难知道哪些重复性任务是真正重要的。最重要的任务会直接影响他们所在部门的总体目标。

确保在每周的进度检查中对记分牌进行简要回顾（参见图 11.2）。这用不了几秒钟。打完分后，询问部门成员可以做些什么来提高分数。

记分牌	
推销电话	400
午餐会	6

图 11.2

如果你不让人们知道他们做得怎么样，士气就会受到打击。没有人喜欢在浓雾中前行。人们想基于可见的分界点，了解他们要到哪里去，以及前进的速度有多快。

因此，当你用记分牌来衡量员工的进展时，你所做的不仅提高了他们的生产率，还提升了他们整体的幸福感。

▶ 每日提示

　　为每个部门创建定制化的记分牌，让每个团队成员都知道他们的部门在做什么。

60　庆祝团队的胜利

庆祝团队的胜利。

在一个有效执行系统中，庆祝团队的胜利、肯定团队成员向价值驱动型专业人才的转变是很重要的。

建立一套庆祝胜利的惯例，对于团队的成功至关重要。

遗憾的是，许多合格的领导者并不关注胜利。

这是合情合理的。尽管我们是如此渴望胜利，但是，最终实现目标时，我们不会浪费时间庆祝，而是直接转向下一个挑战。

大多数人不是那么擅长自我激励。他们需要被承认。他们需要从权威人士那里听到，他们的胜利是真正的胜利。

大多数电影的结尾都有这样一幕，称为"对转变的肯定"。这一幕有两个主要人物：主人公和向导。主人公战胜困难、完成目标之后，向导走进来，看着主人公的眼睛说："你变了，变得更强大、更有力了。现在的你不一样了。祝贺你。你做到了。"

在《星球大战》的结尾，尤达和欧比旺的灵魂现身，对卢克表示赞赏。《国王的演讲》中的戏剧老师莱昂内尔（Lionel）对乔治国王（King George）说，后者是一位伟大的国王。《龙威小子》中的宫城先生（Mr. Miagi）告诉丹尼尔，后者是真正的冠军。

庆祝一个人的胜利，就是在告诉他：他已经变了，变得更强大、更有力了。如果我们希望我们的员工成长进步，庆祝胜利是一种必要和重要的惯例。

为了庆祝胜利，你需要：

1. 关注胜利。

2. 纪念胜利。

3. 回报那些带来胜利的人。

首先，我们必须开始关注胜利。为了做到这一点，可以使用记分牌。每当我们超越记分牌上的一项指标，我们就庆祝胜利。

其次，我们必须纪念这些胜利。当然，庆祝应该与成功相关。如果团队成员实现了每周的目标，击掌相庆就很好。如果实现了公司整体的月度目标，那么可以安排一次工作午餐、订一个蛋糕、开一次庆功会，或者举办其他诸如此类的活动。

作为领导者，一定要用语言来说明这些庆祝活动。团队成员不会读心术。你必须在午餐会上站起来，让每个人都知道我们在庆祝什么，否则，庆祝并不会真的鼓舞士气，也不会帮助团队成员改变他们对自己的看法。

再次，要特别回报那些为胜利做出重大贡献的人。这时，你看着主人公的眼睛，肯定他们的转变的机会。他们比以前更强大、更有力了。让他们知道，他们已经变了，变得对团队更有价值了。

注意，如果没有取得胜利，就不要庆祝。接近一个困难的目标时，你可能很想庆祝，但是这样做会稀释真正的庆祝的力量。因为没有达到目标而感到失望，是生活中重要的一部分。如果你只是因为接近胜利就庆祝，有人会站出来表示支持，因为他们想要取悦别人。但是，这种支持对团队的发展没有帮助。

感受输赢之间的差别，会让胜利更加甜美。把庆祝留给真正的胜利吧。毕竟，在五码线处摔球触地称为"掉球"。

如果你庆祝胜利，能够从令人失望的表现中学习，你就会不断进步，越来越好。我们都喜欢玩游戏，我们都喜欢在游戏中获胜。设置记分牌和庆祝胜利让工作充满乐趣、富有成效和变革性。

▶▶ 每日提示

通过关注胜利、纪念胜利、回报那些为胜利做出重大贡献的人来庆祝胜利，能够提高士气、增进绩效。

结 语

祝贺你!

当你买下（或收到）这本书时，你可能认为它所传授的不过是一种简单的套路，但是它所传授的不止于此——这是很少有人接受过的商业教育。读完这本书，你就掌握了成为一名价值驱动型专业人才所需要的基本知识，还学会了在大学里很少教授的 60 种商业策略。如果你想成为一名更加出色的价值驱动型专业人才，那就重读一遍这本书（或者聘请我们的认证教练），重温这个过程。我敢保证，你学到的东西越多，你在公开市场上的经济价值就越大。

很多人每年支付 5 万美元去上大学，毕业时欠下一大笔助学贷款，然后花十年时间来存钱，直到 30 多岁才买下他们的第一栋房子，过不了多久又要开始负担医疗费用和更多的债务。这样的事实令人悲哀。我们的学生应该得到更好的教育。教育不应该让他们失去经济上的成功或自由。我相信，如果你掌握了这本书的内容，你就会具有极高的价值。你不必为了成为市场需要你成为的人而负债累累。

恭喜你成为一名价值驱动型专业人才。你就是市场等待已久的人。现在，让我们用这些知识来解决世界上的问题吧。

要深入学习"商业至简"课程，请访问 Business-MadeSimple. com 的在线课程。

要寻找指导你扩大业务的认证教练，请访问 HireA-Coach. com。

要成为"商业至简"认证教练，请访问 CertifiedBusi-nessCoach. com。

要验证你的教练或导师是否通过了"商业至简"认证，请访问 HireACoach. com 进行查询。

使用本书打造学习与发展的文化。

给你的每个团队成员买这样一本书，让他们在 BusinessMadeSimple. com/daily 网站注册，享受价值驱动型专业人才团队带来的成果。

使用本书作为组织的入职—晋升工具。

作为入职程序的一部分，让所有新员工学习为期 60 天的"商业至简"课程。

为了发展你的团队，你买了 1 000 册这本书吗？

每年，许多大型组织的负责人都会在唐纳德·米勒家中聚会，讨论他们面临的挑战，分享他们的成功经验。

要了解更多信息，请访问 www. LeadershipAdvanta-ge. com。

致　谢

如果没有"商业至简"的杰出团队，就不可能有这本书。我的团队每天早上醒来都知道，我们提供的培训帮助成千上万的企业完成了更多工作，增加了它们的收入，为更多的人提供了更好的就业机会，而花费只是大学学费的零头。感谢你们的积极努力，你们的努力颠覆了美国的大学体系，以及企业学习和发展的模式。感谢你们相信每个人都值得拥有改变人生的商业教育。

特别要感谢 Koula Callahan、J. J. Peterson 博士和 Doug Keim，他们是我内容团队的同事，为这本书贡献了很多内容。

我和哈珀柯林斯出版集团领导力团队（HarperCollins Leadership）的出版人和编辑一直合作愉快。特别感谢 Sara Kendrick，她和 Je Farr 共同精心编辑了这本书，他们的团队将这个故事编辑、排版并整合成书。还要感谢 Sicily Axton 和 HCL 市场营销团队的支持。

　　最后，感谢你为了个人或整个团队的发展购买这本书。我们相信，创业所需要的简单知识不应该存在于数万美元的付费墙之后。世界上有成千上万的成功企业，它们是我们抗击贫困的最佳工具。没有你，世界就会遭受损失。为你的企业的成功干杯。

讲故事，战商界　实战三部曲

会讲故事、自我驱动、做人生故事的英雄，你的事业和生活将无往不利。唐纳德·米勒"实战三部曲"让你从入门到高手、从思维到行动，成为真正的人生赢家。

《你的顾客需要一个好故事》

作者：【美】唐纳德·米勒

定价：68.00元

ISBN：978-7-300-25767-9

页码：289

- 亚马逊五星好评，畅销经管图书。
- 让顾客成为故事的主人公，是那些现象级公司成功的秘诀之一。
- 《纽约时报》畅销书作家、亚马逊五星好评作者唐纳德·米勒，手把手教你打造故事品牌。

《商业至简：60天在早餐桌旁读完商学院》

作者：【美】唐纳德·米勒

定价：69.00元

ISBN：978-7-300-30584-4

页码：268

- 学会价值驱动型人才的十种性格特质
- 掌握十大商业技能：领导力，生产率，战略，信息，市场营销，沟通，销售，谈判，管理，执行。

《英雄之旅：把人生活成一个好故事》

作者：【美】唐纳德·米勒

定价：78.00元

ISBN：978-7-300-33075-4

页码：316

- 英雄选择过有意义的人生。他们直面挑战，敢于做出改变，知道自己想要什么。
- 像英雄一样生活，不做受害者和反派，你的人生将会活出一个好故事。

图书在版编目（CIP）数据

商业至简：60天在早餐桌旁读完商学院/（美）唐
纳德·米勒（Donald Miller）著；唐奇译. -- 北京：
中国人民大学出版社，2022.6
书名原文：Business Made Simple：60 Days to
Master Leadership，Sales，Marketing，Execution，
Management，Personal Productivity，and More
ISBN 978-7-300-30584-4

Ⅰ.①商… Ⅱ.①唐…②唐… Ⅲ.①商业管理－研
究 Ⅳ.①F712

中国版本图书馆 CIP 数据核字（2022）第 072163 号

商业至简

60 天在早餐桌旁读完商学院

[美] 唐纳德·米勒　著

唐　奇　译

Shangye Zhijian

出版发行	**中国人民大学出版社**	
社　　址	北京中关村大街 31 号	**邮政编码**　100080
电　　话	010 - 62511242（总编室）	010 - 62511770（质管部）
	010 - 82501766（邮购部）	010 - 62514148（门市部）
	010 - 62511173（发行公司）	010 - 62515275（盗版举报）
网　　址	http://www.crup.com.cn	
经　　销	新华书店	
印　　刷	德富泰（唐山）印务有限公司	
开　　本	890 mm×1240 mm　1/32	**版　次**　2022 年 6 月第 1 版
印　　张	9 插页 2	**印　次**　2025 年 9 月第 12 次印刷
字　　数	134 000	**定　价**　69.00 元